Let's Knit in English!
文章パターンで編む ソックス

西村知子
Tomoko Nishimura

日本ヴォーグ社

Introduction

文章パターンとは、編む手順を文章で伝えること。

まだ編み図も読めずに、編み物をはじめた頃、母が横で「表編みを編んだら、裏返して今度は裏編みよ」と語りかけてくれたことを思い出す。編み図が読めるようになると、その感覚を忘れていた…英文で靴下を編むまでは。

編み図を開いて靴下を編もうと、チャレンジするも断念、ということを何度かくり返した。
それが英文パターンで編むようになってからふと、「英文だと靴下も編めるかも」と思い、編んでみた。そうすると文章パターンが「語りかけてくれる」通りに編めば思いのほかスムーズに編めた。それ以来、靴下に限らず、編み図では表現できても、文章の方が分かりやすいかも、と比較しながら編むことが増えた。

雑誌『毛糸だま』の「英語で編もう!」のコーナーでは英文で編むさまざまな模様編みをご紹介しています。今回の企画では、その中の模様で靴下を文章パターンで編んでみよう!というもの。もちろん、編み図派の方のためにはおなじみの編み図も添えています。

文章パターンと編み図。
比べてみて、それぞれの長所短所が見えてくるはずです。作品によっても編む人によってもその感じ方はちがうでしょう。さらに少しギアを上げて、英文パターンにも挑戦してみてください。

靴下とは言え、編み方向・かかとやつま先の形や編み方は様々、またそれらを組み合わせるとデザインは無限に広がります。ここでは基本的なものに絞り込んでいるので難しいことはしていません!

この1冊から皆さんの編み物の世界がさらに広がること、そして何より楽しく編んでいただけることを願ってお届けします。

西村 知子

Contents

Dip Stitch Socks
ディップステッチ模様の
ソックス … 4

Swirl
スワール（渦巻き）… 6

Estonian Flower
エストニアンフラワー … 8

Two-color Brioche Socks
2（ツー）カラー
ブリオッシュソックス … 10

Orange
オレンジ … 12

Good-night Socks
グッドナイトソックス … 14

Dotted Lines
点線模様のソックス … 16

Daisy Chain Socks
デイジーチェーンソックス … 18

Bicolor Stranded Colorwork Socks
バイカラーの編み込み
模様ソックス … 20

Going-up & Going-down
アップ＆ダウンの靴下 … 22

How to Use
この本の使い方 … 24

Techniques

Cast On 作り目

Knitted Cast On 編みながら作る作り目 … 27

Provisional Crocheted Chain Cast On
別鎖の作り目（かぎ針で棒針に編みつける方法）… 28

Turkish Cast On ターキッシュキャストオン … 29

Turkish Cast On to work in both directions
ターキッシュキャストオンの応用 … 31

German Twisted Cast On
ジャーマンツイステッドキャストオン … 32

Variation of Judy's Magic Cast On
ジュディーズマジックキャストオンのアレンジ … 33

Short Rows 引き返し編み

Wrap & Turn
ラップ＆ターン（W&T）… 34

Pattern Stitches 模様の編み方

Brioche Stitch (in the round)
ブリオッシュ編みの手順（輪編みの場合）… 38

Cluster Stitch
クラスターステッチ（糸を巻きつけるノット）… 39

Magic Loop マジックループの編み方 … 30

pfb 裏目の1目を2目に増やす方法 … 36

Kitchener Stitch メリヤスはぎ … 37

Yarns used in this book
この本で使用している糸 … 40

How to make 作品の作り方 … 41

Basic Technique Guide … 86

Knit & Crochet Dictionary
文章で編むための編み物用語辞典 … 94

この本に関するご質問はお電話・WEBで
書名／Let's Knit in English!
　　　文章パターンで編むソックス
本のコード／NV70784
担当／難波まり
Tel.03-3383-0637（平日 13:00～17:00 受付）
Web サイト「手づくりタウン」
https://www.tezukuritown.com/
※サイト内「お問い合わせ」からお入りください（終日受付）

この本の訂正、
追加情報はこちら
「70784」と
入力してください。

本誌に掲載の作品を、複製して販売（店頭、Web、イベント、バザー、個人間取引など）することは禁止されています。個人で手づくりを楽しむためにのみご利用ください。

Dip Stitch Socks
ディップステッチ模様の
ソックス

ディップステッチ（引き出し模様）を
使ったこの模様の表情が好きです。新
芽のような、ハート型のような、可愛
らしい模様。厚みのあるアレンジバー
ジョンはかかとにピッタリ！

How to make >> *page 42*
Yarn >> OPAL UNI

Swirl
スワール（渦巻き）

往復に編む透かし模様を輪で編んでみたら、素敵なサプライズ！ スワールする模様ができました。これは靴下の模様に使わないわけにはいきませんよね！

How to make >> **page 46**
Yarn >> OPAL UNI

Estonian Flower
エストニアンフラワー

エストニアの国花である矢車草をモチーフにした模様は規則的に配置されたものが多いです。何とかその型から抜け出したく、1輪ずつ絵を描くように編んでみました。

How to make >> **page 50**
Yarn >> ハマナカ アメリーエフ《合太》

Two-color Brioche Socks
2カラーブリオッシュソックス

海外パターンでよく見かけるブリオッシュ編み。つま先とかかとに厚みを加えて模様とのバランスを。キッズ・レディース・メンズの3サイズをお好みの2色でぜひ。

How to make >> *page 56*
Yarn >> Hedgehog Fibres Sock Yarn、Keito うるり

Orange
オレンジ

少し変わった交差編みをフィーチャーした模様に、透かしが入ることで交差が模様全体に溶け込みます。実際に履いてみるとこの名前の理由が見えるはず。

How to make >> **page 60**
Yarn >> DARUMA ランブイエメリノウール

Good-night Socks
グッドナイトソックス

透かし模様で足を締めつけないソックスなのでベッドタイムに、と思い名付けたソックス。色で遊ぶときっと表情豊かになるはず！シチュエーションに合わせてお好みのカラーでぜひ挑戦していただきたいです！

How to make >> **page 64**
Yarn >> ISAGER Sock Yarn

Dotted Lines
点線模様のソックス

すべり目が主役の配色使いの靴下。リズミカルで、編みやすい靴下です。お好みのカラーで編むとすぐに履いて出かけたくなるはず。

How to make >> **page 68**
Yarn >> RETROSARIA ROSA POMAR MONDIM

Daisy Chain Socks
デイジーチェーンソックス

この模様は縁編みに使うしかない！と
ずっと温めてきたデザインです。渋めの
カラーで「大人可愛い」ソックスに！

How to make >> ***page 74***
Yarn >> ISAGER Sock Yarn

Bicolor Stranded Colorwork Socks
バイカラーの編み込み模様ソックス

2色の編み込み模様に裏目を使ったり、段数を変えたりして飽きずに楽しく編める工夫を。キッズ・レディース・メンズの3サイズ展開です。

How to make >> **page 79**
Yarn >> DARUMA スーパーウォッシュスパニッシュメリノ

Going-up & Going-down
アップ＆ダウンの靴下

模様の編み方向と表情にこだわり、双方向に編み進めてみました。逆方向に編み進める方法に「あの」方法を使っています。もちろん別鎖からスタートしてもOK。

How to make >> *page 82*
Yarn >> Keito うるり、Hedgehog Fibres Skinny Singles

How to Use この本の使い方

日本の編み図は、編み始める前から視覚的に完成した形を確認できることが良いところです。しかし往復編みで編む場合には、裏の段では頭の中で編み目記号の「逆」に編むようにしなければなりません。これに対し文章パターンは、編んでいく手順や操作などの指示が1つの動作ごとに文章で書かれており、その文章に書かれた通りに従って、そのまま編んでいくだけで良いのです。編み図で表すと複雑に見える編み方も文章パターンだとわかりやすく編めるものもあります。

本書では英文と和文とその文章パターンを日本式の編み図にしたものを併記しています。英文と和文を対比しながら編んでいくことができ、文章パターンにまだ慣れない方には編み図で編み方を確認してもらえるような作りになっています（文章パターンと編み図の段数表記は準備段などの理由でずれがあるので注意が必要です）。

文章パターンは英単語の頭文字をとって略しているものも多いので、巻末（P.94～）の「Knit&Crochet Dictionary編み物用語辞典」に略語や略す前の用語を掲載しています。ぜひ編む時にお役立てください。

ここでは簡単な文章パターンの例をあげてみました。英文と和文と編み図を対比させると文章パターンの読み解き方が分かってくるかと思います。また文章パターンならではのテクニックは「Techniques」（P.26～）で詳しい解説と写真でプロセスを掲載しています。

往復編みの場合

■ メリヤス編み／Stocking Stitch

英文
Row 1(RS): Knit to end
Row 2(WS): Purl to end
Repeat these two rows

和文
1段め（表面）：端まで表目で編む
2段め（裏面）：端まで裏目で編む
上記2段をくり返して編む

■ ガーター編み／Garter Stitch

英文
Row 1(RS): Knit to end
Row 2(WS): Knit to end
Knit all rows

和文
1段め（表面）：端まで表目で編む
2段め（裏面）：端まで表目で編む
上記のようにすべての段を表目で編む

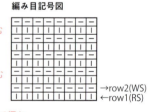

輪編みの場合

■ メリヤス編み／Stocking Stitch

英文
Work in K for 10rnds

和文
10段めまで表目で編む

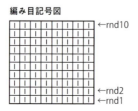

■ ガーター編み／Garter Stitch

英文
Rnd1 : Knit to end
Rnd2 : Purl to end
Repeat these two rnds

和文
1段め：表目で1周編む
2段め：裏目で1周編む
上記2段をくり返して編む

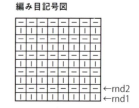

■ 引き返し編み／Short Rows

靴下のかかとやつま先などを編む時によく出てくる"引き返し編み"。
編み図になると複雑そうに見える編み方も、文章パターンだと書いてある通りに編んでいけばOK。
そのまま編み進むと、かかとやつま先があっという間に出来てきます。

英文

Short row 1 (RS): sl1 wyib, k18, ssk. Turn.
Short row 2 (WS): sl1 wyif, p9, p2tog. Turn.
Short row 3: sl1 wyib, k9, ssk (work the stitch before and after the gap together). Turn.
Short row 4: sl1 wyif, p9, p2tog (work the stitch before and after the gap together). Turn.
Repeat the last two rows until all sts are worked (seven more times).
11 sts remain.
Next row (RS): sl1 wyib, k to end. Do not turn.

和文

引き返し編み1段め（表面）：すべり目1、表目18、右上2目一度。編み地を返す。
引き返し編み2段め（裏面）：浮き目1、裏目9、裏目の左上2目一度。編地を返す。
引き返し編み3段め：すべり目1、表目9、右上2目一度（段差の前後1目ずつをいっしょに編む）。編み地を返す。
引き返し編み4段め：浮き目1、裏目9、裏目の左上2目一度（段差の前後1目ずつをいっしょに編む）。編み地を返す。
上記の2段（3・4段め）の手順を左右の編み目がなくなるまで（あと7回）くり返す。
残りは11目になる。
次段（表面）：すべり目1、最後まで表編み。

編み目記号図

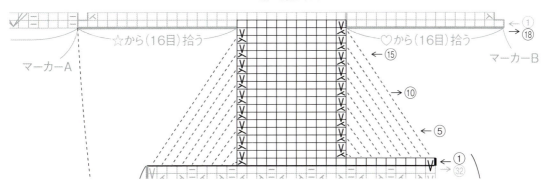

（P.4 Dip Stitch Socks のかかと部分）

Tips

ソックスの仕上げやお手入れについて

　個人的に靴下の場合はウェアやショールほどブロッキングに気を遣わなくてもいいように感じています。海外のソックニッターの先生の「履いてしまえば、自然とブロッキングすることになるのよ！」という言葉を聞いてからは自信を持ってブロッキングしていません！（笑）

　ただし、透かし編みの模様が入っていたり、編み地を安定させたい場合にはブロッキングした方が全体が落ち着いて「美しい」仕上がりになります。靴下はプレゼントにもちょうどいいので、必ずブロッキングするという方も多いようです。
水通しする場合は、人肌程度のぬるま湯にウール用洗剤を入れ30分程度浸して水を含ませ、タオルなどで余分な水分を取り除いて、ソックブロッカーを使い形を整えます。

　洗濯時などのお手入れで気をつけることはブロッキングの有無に関わらず、防縮加工（スーパーウォッシュ加工）していない毛糸の靴下は必ずやさしく手洗いすること！　そうでないと大人用の靴下が子供用に縮んで変身してしまうことがあります。どの場合も、洗濯後はソックブロッカーを使わなくても形を整えて干して丁寧に扱うことが肝心ですね。

水通し　　　ソックブロッカー

ブロッキングとは…作品が編み上がった後、水通しや蒸気をあてて形を整え仕上げること

Techniques
テクニック

Cast On（キャストオン）：作り目

▶ Knitted Cast On　編みながら作る作り目

01 スリップノット（p.86）を作ります。（1目め）

02 表目を編むように目の中に針を入れ、糸をかけて引き出します。

03 引き出した目を伸ばし、左針を矢印のように入れて、

04 右針をはずして目を移します。

05 作り目が2目できました。

06 次の目も同様に作った目に表目を編むように針を入れ、糸を引き出します。

07 矢印のように左針を入れて目を移します。

08 3目できました。06、07をくり返し必要目数を作ります。

Tips

01 糸を引き出して左針を入れたあと、右針をはずさないで左針の向こう側にまわし、

02 そのまま次の目を引き出すこともできます。

Cast On : 作り目

▶ Provisional Crocheted Chain Cast On　別鎖の作り目（かぎ針で棒針に編みつける方法）

01 かぎ針にスリップノット（P.86）で1目作り、糸の手前に棒針を添えます。

02 かぎ針に糸をかけて、

03 引き抜きます。（鎖目を1目編んだことになります。）

04 編む糸を棒針の手前から向こう側にまわし、

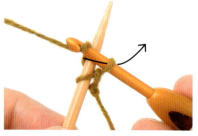

05 かぎ針に糸をかけて引き抜きます。

06 棒針に2目できました。

07 04〜07をくり返し、必要目数を作ります。

08 棒針にかかっているのは鎖の裏山です。（棒針をはずしたところ。）

09 必要目数ができたら、糸を切って引き出します。

10 作品を編む糸で編み始めます。

11 別鎖の裏山を拾って1段めを編むのと同じです。

12 鎖はあとからほどいて、反対側から目を拾うことができます。

> **Tips**　共鎖の作り目にも応用できます！
> 共鎖の場合は（必要目数−1目）を棒針に作り、最後はかぎ針の目を棒針に移します。

▶ Turkish Cast On　ターキッシュキャストオン

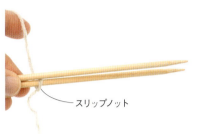

01 輪針を使用します。針2本を重ね、下側の針にスリップノット（p.86）を作ります。これは目数に含みません。

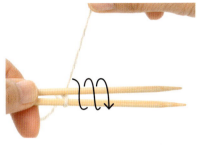

02 矢印のように2本の針に糸を巻きつけます。

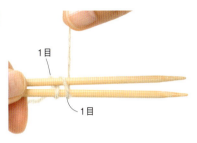

03 向こう側で上→手前で下→向こう側、上下の針に1目ずつできました。スリップノットはあとでほどきます。

04 巻く回数は必要目数の半分です。必要な目数を巻きつけます。

05 下側の針を矢印の方向に引いて、目をコードに移動します。

06 05で引き抜いた針で上側の針の目を編みます。

07 表目を編みます。

08 シンカーループ（目と目の間に渡った糸）がコードに通っています。

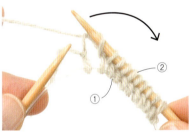

09 片側の目がすべて編めたら、編み地を180度回転させます。（時計の9時〜3時）

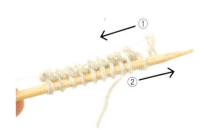

10 上下が入れ替わりました。①上側の目を針に戻し、②下側の針を矢印のように引き出します。

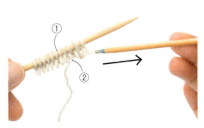

11 下側の針を引き出して、目をコードに移動します。

12 11で引き出した針で上側の目を編みます。その前に、

Cast On ：作り目

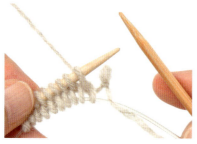  

13 スリップノットは針からはずします。

14 上側の目を表目で編みます。

15 全目編めました。09のように針を回転させて、もう片方の針の目を編み進めます。

Tips ▶ Magic Loop　マジックループの編み方

 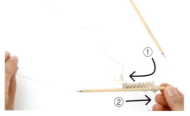 

01 少ない目数の編み地でも、長めの輪針を使って輪に編むことができます。

02 編み地を回転して①上側の目を針先に戻し、②下側の針を矢印のように引き出します。

03 上側のコードを引いて、目を針先に戻します。

04 下側の針を針先の方向に引いて、編み目をコードに移動します。

05 引き出した針で、上側の目を編みます。

▶ Turkish Cast On to work in both directions　ターキッシュキャストオンの応用
あとから反対方向に編み出す場合（別鎖の作り目の代用）

01 太さの違う輪針2本を使います。細い針（針B）を下側にしてスリップノット（p.86）を作ります。

02 向こう側から手前にまわし、必要目数を作ります。

03 針Bは編み目をすべてコードに移動し、上側を針Aの反対側を使って編みます。

04 シンカーループは針Bのコードに通っています。

05 全目編めたら針A（作品を編む針）側の目だけを、マジックループの編み方（p.30）で編みます。

06 目を半分に分けて中心から針のコードを引き出します。矢印のように針を返して、

07 針先が右側にくるように持ちます。

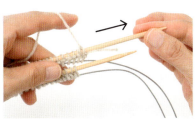

08 編み糸がついている方の針を引き出します。

09 引き出した針で下側の針の目を編みます。

10 針Bのコードに通った目はシンカーループです。別鎖の作り目と同じ要領で反対側を編み進められます。

> **Tips** 往復編みにすることもできます！
> 往復編みにする場合は針Aだけで往復に編み、針Bの目はコード上に（または、ホルダーなどに移して）休ませておきます。

Cast On : 作り目

▶ German Twisted Cast On　ジャーマンツイステッドキャストオン　伸縮のある指でかける作り目
(Old Norwegian Cast On オールドノルウェィージャンキャストオン)

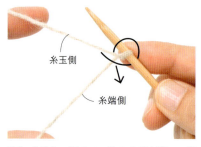

01 作りたい幅の4.5倍の糸端を残し、親指と人さし指に糸をかけ、針1本に糸を巻きつけます。これが1目めになります。

02 親指にかかっている糸の下から針を矢印のようにくぐらせ、

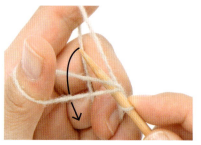

03 向こう側のループをかけて、矢印のように親指のループにくぐらせるように手前に引き出します。

04 針をおこして、

05 人さし指にかかった糸の上から針にひっかけます。

06 親指をたおしてねじれを戻して、矢印のように針を入れ、

07 親指のループに通します。

08 針をおこして、親指をはずし、引き締めます。

09 作り目が2目できました。

10 人さし指と親指に糸をかけ直し、02〜09をくり返して必要な目数を作ります。

▶ Variation of Judy's Magic Cast On　ジュディーズマジックキャストオンのアレンジ

Judy Beckerさん考案の作り目。オリジナルの方法では1段めを編むときに後半の編み目のねじれを解消させながら編む必要があるため、その必要性を解消したアレンジです。

01 輪針を使用します。針2本を重ね、糸端から約30cmのところで糸端側を手前にして針の間にはさみます。

02 親指の糸を向こう側から針の間に通し、

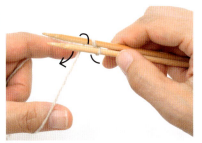

03 上の針に手前から向こうにかけ、下におろします。

04 人さし指の糸を下の針の手前から針の間に通し、

05 最初の目によせます。

06 親指の糸を向こう側から針の間に通し、

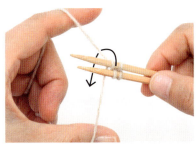

07 上の針に手前から向こうにかけ、下におろします。4目できました。

08 04〜07をくり返し必要目数を作ります。最後は親指の糸をかけて上下の目数を同じにします。針先が右に向くように回転させます。

09 表裏が逆にならないように注意します。

10 下側の針を矢印の方向に引き出し、編み目をコードに移します。

11 引き出した針で左針の目を編みます。マジックループの編み方(P.30)で編み進めます。

Short Rows ：引き返し編み

▶ Wrap and Turn　ラップ＆ターン（W&T）　※表メリヤス編みの場合

表目側（表面）

01 編み残す目の手前まで編みます。次の目に矢印のように針を入れ、

02 編まずに右針に移します。糸を手前にして、移した目を左針に戻します。

03 編み残す目と左針の間に編み糸がきます。

04 裏に返し、糸を手前に置いて矢印のように針を入れ、

05 裏目で編みます。編み残した目に糸が巻きついています。

裏目側（裏面）

01 編み残す目の手前まで編みます。糸を手前においたまま次の目に矢印のように針を入れ、

02 編まずに右針に移します。糸を向こう側に移して、移した目を左針に戻します。

03 編み残す目と針の間に編み糸がきます。

04 表に返し、糸を向こうに置いて矢印のように針を入れ、

05 表目で編みます。編み残した目に糸が巻きついています。

段消し

表目側（表面）

01 左右とも編み残した目に糸が巻きついているのがわかります。

02 糸が巻かれている目（本来の目）は巻いた糸の下から矢印のように針を入れます。

03 糸をかけ引き出し、

裏目側（裏面）

04 表目を編みます。

05 糸が巻かれている目（本来の目）は巻いた糸を一緒に編みます。

06 編み地の表面を見て巻いた糸を右針で下からすくって左針にかけます。

07 巻いた糸と、本来の目に一緒に針を入れ、

08 裏目を編みます。

W&Tが2本重なっている段消し　表目側（表面）

09 矢印のように巻いた糸2本をすくって、

10 本来の目と3本に一緒に針を入れ、

11 表目を編みます。

Short Rows ：引き返し編み

裏目側（裏面）

12 糸が2本巻きついています。

13 編み地の表側から巻いた糸2本を下から右針ですくって、

14 針先の目と重ねるように左針にかけます。

15 左針にかかった3本に一度に右針を入れ、

16 裏目で編みます。

17 できあがり。（左側）

18 右側

19 つま先、またはかかとができました。

Tips ▶ pfb (purl into front and back of stitch) 裏目の1目を2目に増やす方法

01 裏目を1目編みます。

02 左針から目をはずさず、同じ目に裏目のねじり目を編むように針を入れ、

03 裏目で編みます。

Tips ▶ Kitchener Stitch メリヤスはぎ

とじ針を編み針に見立てて、編むときの目に針を入れる要領ではぐとわかりやすく覚えられます。最終段の目を2本の針に分け、外表に合わせ、つま先やかかとの場合、糸を約30cm残して切ってとじ針に通します。（わかりやすいように違う色の糸を使用しています。）ソックスのつま先やかかとの場合は「角」ができないように、最初と最後の目にはとじ針を1回しか通さないようにします。

01 2本の針を平行に持ちます。手前側から表目を編むように(knitwise)とじ針を入れ、

02 編み針から目をはずします(OFF)。

03 裏目を編むよう(purlwise)にとじ針を入れ、目はそのまま(ON)。

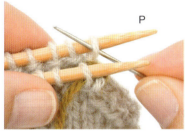

04 向こう側です。裏目を編むよう(purlwise)にとじ針を入れ、

05 編み針から目をはずします(OFF)。

06 表目を編むよう(knitwise)にとじ針を入れ、目はそのまま(ON)。

07 K-OFF、P-ON

08 P-OFF、K-ON

09 07、08をくり返し最後まではぎます。

04 左針から目をはずします。

05 1目から2目裏目を編み出しました。

Pattern Stitches : 模様の編み方

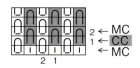

▶ **Brioche Stitch (in the round)** ブリオッシュ編みの手順(輪編みの場合)

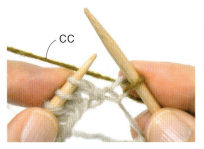

01 1段編んだら輪にし、2段めを編みます。配色糸(CC)で1目表目を編みます。

02 次の目を引き上げ目で編みます。糸を手前にして、すべり目をしながら、配色糸をかけます。

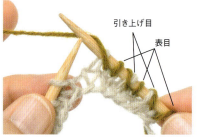

03 01、02をくり返し最後まで編みます。

04 2段めの最後は引き上げ目です。すべり目とかけ目がはずれないようにクリップ式のマーカーでとめておくと間違う心配がありません。

05 3段めです。地糸(MC)で編みます。前段で表目を編んだ目は引き上げ目(すべり目+かけ目)で編みます。

06 前段で引き上げ目に編んだ目は、糸を手前にして引き上げ目(かけ目+すべり目)の2本に針を入れ、

07 2本いっしょに裏目に編みます。

08 05～08をくり返し、段の最後まで編みます。

09 最後のマーカーでとめた2本は一緒に針を入れて裏目で編みます。

10 4段めです。前段の引き上げ目は表目に、裏目は引き上げ目を編みます。

11 3段め、4段めをくり返し編み進めます。

12 10段めまで編めたところです。05・10の色替えをするとき、糸をからげたり交差させたりしないように注意します。

▶ Cluster Stitch　クラスターステッチ（糸を巻きつけるノット）

※なわ編み針を使わずに編む方法です

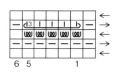

01 表からの段です。表目を編むように針を入れ、針先に糸を3回巻きつけて引き出します。

02 引き出したところです。3回巻きのドライブ編みができました。

03 「3回巻きのドライブ編み5目、表目1目」をくり返します。

04 次の段、裏からの段です。ドライブ編みの手前まで編んだら、編み糸を手前にしてドライブ編みに右針を入れてはずします。

05 5目をはずして伸ばしたら、編み糸を編み地の向こう側にして、

06 5目を左針に戻します。

07 編み糸を矢印のように手前に回し、

08 5目に矢印のように右針を入れ、

09 移します。

10 さらにもう1回05〜09をくり返します。糸が3本巻きつきます。

11 次の目を表目で編みます。これをくり返します。

12 クラスターステッチの模様ができました。糸の巻き加減がきつくなりすぎないように注意しましょう。ノット編みの表情がここで決まります。

Yarns used in this book　この本で使用している糸

① DARUMA
スーパーウォッシュスパニッシュメリノ
ウール（スパニッシュメリノウール・防縮加工）80％、
ナイロン 20％　50g玉巻　約212m

② DARUMA
ランブイエメリノウール
ウール（ランブイエメリノウール）100％
50g玉巻　約145m

③ OPAL
UNI
スーパーウォッシュウール75％、ナイロン25％
100g玉巻　約425m

④ ISAGER
Sock Yarn
イージーウォッシュアルパカ40％、イージーウォッシュメリノウール40％、
リサイクルナイロン20％　50g玉巻　約193m

⑤ Keito
うるり
ウール65％、ナイロン30％、リネン5％
100g玉巻　約400m

⑥ ハマナカ
アメリーエフ《合太》
ウール（ニュージーランドメリノ）70％、アクリル30％
30g玉巻　約130m

⑦ Hedgehog Fibres
Sock Yarn
メリノウール90％、ナイロン10％
100gカセ巻　約400m

⑧ Hedgehog Fibres
Skinny Singles
メリノウール100％
100gカセ巻　約366m

⑨ RETROSARIA
ROSA POMAR MONDIM
ポルトガルウール100％　100g玉巻　約385m

実物大

糸についてのお問い合わせは
P.104 をご覧ください。

How to make

作品の作り方

- この本の作品の編み方は、英文、和文の文章、編み図＋記号図で表示されています。文章での段数表記と編み図での段数表記には、作り目の段を1段と数えるかどうか、準備段があるかないか等の理由でずれがあるので注意してください。
  The instructions in this book are given in both English and Japanese written patterns, and also charted.
  Please note that the rows (or rounds) given in the written pattern may not be the same as the chart due to the following reasons:
  - CO row (rnd) being counted or not
  - Set-up row (rnd) being counted or not

- 編み図中の数字の単位はcmです。
  Measurements written are in centimeters (cm).

- 英文中の (p1, k3) 等はその内容を指示に従ってくり返します。
  Stitches in parenthesis, for example (p1, k3), are to be repeated according to instructions.

- 本誌のソックスはすべてマジックループ式に編むことを前提として記載しています。特に記載しない限り、全体の目数の最初の半数を〈N1〉、後半の半数を〈N2〉と呼びます。
  The socks in this book assume working in Magic-loop style. The first half of the total number of stitches is referred to as 〈N1〉 and second half 〈N2〉 unless stated otherwise.

- 文章中のMC（Main Color）は地糸、CC（Contrasting Color）は配色糸のことです。
  The abbreviations MC and CC in the written pattern stands for Main Color and Contrast Color.

p.4 Dip Stitch Socks ディップステッチ模様のソックス

▶ Yarn
OPAL UNI orange yellow (5182) 55g

▶ Needles
2.4mm (JP #1) and 2.7mm (JP #2) 80cm circular needles

▶ Notions
Stitch marker

▶ Gauge
31 sts, 48 rnds = 10cm x 10cm in Stockinette Stitch and Pattern Stitch for instep, both using larger needles

▶ Finished measurements
Foot circumference: 18cm
Foot length: 17.5 cm
Leg length: 15 cm

▶ Special Abbreviations
・DDS2 (Double Dip Stitch into stitch 2 rows below):
1. Insert RH needle into the 2nd stitch on LH needle 2 rows below and knit an elongated stitch.
Keep this st on RH needle.
2. k3.
3. Insert needle into 2nd stitch on RH needle 3 rows below (this is the same stitch that has a stitch pulled up already). Pull up a loop.
4. Place the elongated loop on RH needle.

・DDS4 (Double Dip Stitch into stitch 4 rows below):
1. Insert RH needle into the 2nd stitch on LH needle 4 rows below and knit an elongated stitch.
Keep this st on RH needle.
2. k3.
3. Insert needle into 2nd stitch on RH needle 5 rows below(this is the same stitch that has a stitch pulled up already). Pull up a loop.
4. Place the elongated loop on RH needle.

▶ INSTRUCTIONS
With larger needle, CO 56 sts using the German Twisted CO method.
Join to work in the round being careful not to twist the sts.

● LEG
Work in (p1, k3) ribbing for 8 rnds for cuff.
Then, begin working in pattern stitch as follows:
Rnds 1 & 2: (p1, k3) until end.
Rnd 3: *p1, DDS2, p1, k3; rep from * to end.
Rnd 4: *p1, ssk, k1, k2tog, p1, k3; rep from * to end.
Rnd 5: * p1, k3, p1, DDS2, rep from * to end.
Rnd 6: *p1, k3, p1, ssk, k1, k2tog; rep from * to end.
Rnds 7 & 8: (p1, k3) to end.
Rep Rnds 1 to 8 three more times and work 1 to 7 once more.
NOTE: Work more repeats to make LEG longer, but end after Rnd 7.

▶ 使用糸
オパール ユニ オレンジがかった黄色（5182）55g

▶ 使用針
2.4mm（JP1号）と2.7mm（JP2号）80cm輪針

▶ その他の道具
ステッチマーカー

▶ ゲージ
31目、48段＝メリヤス編み、模様編みAで10cm×10cm どちらも2号針を使用

▶ 仕上がり寸法
フット周り：18cm、フット長さ：17.5cm、
レッグ長さ：15cm

▶ 特別な略語
・DDS2 (Double Dip Stitch into stitch 2 rows below):
1) 右針を左針の2目めの2段下の目に入れ、表目を編み、ループを長く引き出して右針にとる。
2) 表3目編む。
3) 針先を右針の2目めの3段下の目（1）で引き出し目を編んだ目）に入れて表目を編み、長く引き出して右針にとる。

・DDS4 (Double Dip Stitch into stitch 4 rows below):
1) 右針を左針の2目めの4段下の目に入れ、表目を編み、ループを長く引き出して右針にとる。
2) 表3目編む。
3) 針先を右針の2目めの5段下の目（1）で引き出し目を編んだ目）に入れて表目を編み、長く引き伸ばして右針にとる。

▶ 編み方
2号針で、ジャーマンツイステッドCOの方法で56目作る。
編み目がねじれないように注意しながら、マジックループ方式で輪に編めるように整える。

● レッグ（輪編み）
はき口のリブ編みを次の手順で8段編む：
リブ編み：「裏目1、表目3」を段の最後までくり返す。
次に模様編みを編む：
1・2段め：「裏目1、表目3」を最後までくり返す。
3段め：【裏目1、DDS2、裏目1、表目3】、【～】を最後までくり返す。
4段め：【裏目1、右上2目一度、表目1、左上2目一度、裏目1、表目3】、【～】を最後までくり返す。
5段め：【裏目1、表目3、裏目1、DDS2】、【～】を最後までくり返す。
6段め：【裏目1、表目3、裏目1、右上2目一度、表目1、左上2目一度】、【～】を最後までくり返す。
7・8段め：「裏目1、表目3」を最後までくり返す。
上記の1～8段めをあと3回くり返し、1～7段めまでをもう一度編む。
※：レッグ部分を長くしたい場合は模様編みをさらにくり返すとよいが、7段めで編み終える。

● **HEEL FLAP**

P first st on ⟨N1⟩ and slip it to ⟨N2⟩. This will be the last st on ⟨N2⟩. (⟨N1⟩: 27 sts, ⟨N2⟩: 29 sts)

Leave sts on ⟨N2⟩ on hold and work back and forth with sts on ⟨N1⟩ only.

Switch to smaller needle.

Set-up row 1 (RS): M1P, (k3, p1) until last 3 sts remain, k3, M1P. (29 sts)

Set-up row 2 (WS): sl1 wyif, (p3, k1) until last 4 sts, p4.

Row 1: sl1 wyib, (k3, p1) until last 4 sts, k4.

Row 2: sl1 wyif, (p3, k1) until last 4 sts, p4.

Row 3: sl1 wyib, DDS4, (p1, DDS4) until last st, k1.

Row 4: sl1 wyif, *sl1 wyif, p3, sl1 wyif, k1; rep from * until last 6sts, sl1 wyif, p3, sl1 wyif, p1.

Row 5: sl1 wyib, *ssk, k1, k2tog, p1; rep from * until last 6 sts, ssk, k1, k2tog, k1.

Row 6: sl1 wyif, (p3, k1) until last 4 sts, p4.

Rep Rows 1 to 6 four more times.

Then turn the heel as follows.

● **HEEL TURN**

Switch to larger needles and work short rows as follows:

Short row 1 (RS): sl1 wyib, k18, ssk. Turn.

Short row 2 (WS): sl1 wyif, p9, p2tog. Turn.

Short row 3: sl1 wyib, k9, ssk (work the stitch before and after the gap together). Turn.

Short row 4: sl1 wyif, p9, p2tog (work the stitch before and after the gap together). Turn.

Repeat the last two rows until all sts are worked (seven more times).

11 sts remain.

Next row (RS): sl1 wyib, k to end. Do not turn.

Cont to pick-up and knit 16 sts from the edge of HEEL FLAP, pm(A), then with 29 sts on N2, work Pattern Stitch in the same way as for the prev row, pm(B), pick-up and knit 16 sts from the opposite edge of HEEL FLAP, pm (BOR). Total 72 sts.

From hereon, cont working Pattern Stitch for Instep (see next page) beginning from Rnd1, while decreasing gusset sts on every other rnd as follows:

Rnd 1 (dec rnd): k to 2 sts before m(A), k2tog, slm(A), work Pattern Stitch for Instep to m(B), slm(B), ssk, then k to end.

Rnd 2: k to m(A), slm(A), work next rnd of Pattern Stitch for Instep to m(B), slm(B), k to end.

Repeat above two rnds a total of seven times. 58 sts.

●**かかと（往復編み）**

※ここからは⟨N1⟩だけで編む。

1目めを裏目に編み、⟨N2⟩の最後に移す。(N1は27目、N2は29目になる。)

ヒールフラップは⟨N1⟩の編み目だけで往復に編む。⟨N2⟩の目は休ませておく。

1号針に持ち替える。

準備段1（表面）：裏目のねじり増し目1、【表目3、裏目1】を最後に3目残るまでくり返し、表目3、裏目のねじり増し目1。(29目)

準備段2（裏面）：浮き目1、【裏目3、表目1】を最後に4目残るまでくり返し、裏目4。

1段め：すべり目1、【表目3、裏目1】を最後に4目残るまでくり返し、表目4。

2段め：浮き目1、【裏目3、表目1】を最後に4目残るまでくり返し、裏目4。

3段め：すべり目1、DDS4、【裏目1、DDS4】を最後に1目残るまでくり返し、表目1。

4段め：浮き目1、【浮き目1、裏目3、浮き目1、表目1】、を最後に6目残るまでくり返し、浮き目1、裏目3、浮き目1、裏目1。

5段め：すべり目1、【右上2目一度、表目1、左上2目一度、裏目1】を最後に6目残るまでくり返し、右上2目一度、表目1、左上2目一度、表目1。

6段め：浮き目1、【裏目3、表目1】を最後に4目残るまでくり返し、裏目4。

1〜6段めをあと4回編む。

続けて次のヒールターンを編む：

●**かかと底（往復編み）**

2号針に持ち替え、次のように引き返し編みをする：

引き返し編み1段め（表面）：すべり目1、表目18、右上2目一度。編み地を返す。

引き返し編み2段め（裏面）：浮き目1、裏目9、裏目の左上2目一度。編み地を返す。

引き返し編み3段め：すべり目1、表目9、右上2目一度（段差の前後1目ずつをいっしょに編む）。編み地を返す。

引き返し編み4段め：浮き目1、裏目9、裏目の左上2目一度（段差の前後1目ずつをいっしょに編む）。編み地を返す。

上記の2段（3・4段め）の手順を左右の編み目がなくなるまで（あと7回）くり返す。

残りは11目になる。

次段（表面）：すべり目1、最後まで表編み。

表面を向けたままかかとの端から16目拾い、pm（A）、続けて⟨N2⟩（甲側の29目）は前段の目なりに編み、pm（B）、かかとの反対側の端から16目拾い、pm（BOR＝段の始まり）。合計72目になる。

ここからは輪に編み次の2段をくり返しながら、⟨N2⟩のm（A）

43

● **Pattern Stitch for Instep**
Rnds 1 & 2: p1, (k3, p1) to end.
Rnd 3: p1, (k3, p1, DDS2, p1) three times, k3, p1.
Rnd 4: p1, (k3, p1, ssk, k1, k2tog, p1) three times, k3, p1.
Rnd 5: p1, (DDS2, p1, k3, p1) three times, DDS2, p1.
Rnd 6: p1, (ssk, k1, k2tog, p1, k3, p1) three times, ssk, k1, k2tog, p1.
Rnds 7 & 8: p1, (k3, p1) to end.
After completing decreases, cont Pattern Stitch for Instep from Rnd 6, and work Stockinette St for sole.
Cont working this way until foot measures 3.5cm less than desired finished foot length.
NOTE: Finished foot size should be 10% smaller than actual foot size for a nice fit.
(Total 36 rnds worked for sample. Finished after Rnd 1 for Pattern Stitch, at 14 cm.)

▶ **TOE**
Switch to smaller needle.
With 29 sts on both 〈N1〉 and 〈N2〉, work as follows;
Rnd 1: Knit to end.
Rnd 2 (dec rnd): *k1, ssk, k to 3 sts before m, k2tog, k1), slm, rep from * to end.
Rep above two rnds five more (total six) times, then only Rnd 2 four times.
Total 18 sts rem, 9 sts on each needle.
Join these sts together using Kitchener st.
Weave in remaining ends.

とm（B）の間の甲側の29目は「甲側の模様編み」を編み、〈N1〉では2段ごとにガセットの減目を行う：
1段め（減目段）：BORからm（A）の2目手前まで表編み、左上2目一度、slm（A）、「甲側の模様編み」、slm（B）、右上2目一度、BORmまで表編み。
2段め：BORからm（A）まで表編み、slm（A）、「甲側の模様編み」の次の段を編む、slm（B）、BORmまで表編み。
上記の2段を合計7回編む。目数は58目になる。

●甲側の模様編み
1・2段め：裏目1、【表目3、裏目1】を最後までくり返す。
3段め：裏目1、【表目3、裏目1、DDS2、裏目1】を3回くり返し、表目3、裏目1。
4段め：裏目1、【表目3、裏目1、右上2目一度、表目1、左上2目一度、裏目1】を3回くり返し、表目3、裏目1。
5段め：裏目1、【DDS2、裏目1、表目3、裏目1】を3回くり返し、DDS2、裏目1。
6段め：裏目1、【右上2目一度、表目1、左上2目一度、裏目1、表目3、裏目1】を3回くり返し、右上2目一度、表目1、左上2目一度、裏目1。
7・8段め：裏目1、【表目3、裏目1】を最後までくり返す。
減目を終えると、「甲側の模様編み」は6段めから、そして足底側はメリヤス編みを「仕上がりフット長さ−3.5cm」になるまで編み続ける。
※フット長さの仕上がり寸法は実寸より10％程度短めに仕上げると心地よくフィットする。
（参考：サンプルでは36段編み、模様編みの1段めで編み終え、この時点のかかとからの寸法は14cm。）

●つま先
1号針に持ち替え、〈N1〉・〈N2〉共に29目ずつで次のように編む：
1段め：〈N1〉・〈N2〉共に最後まで表編み。
2段め（減目段）：〈N1〉【表目1、右上2目一度、mの手前に3目残るまで表編み、左上2目一度、表目1】。〈N2〉【〜】をくり返す。
上記の2段をあと5回（合計6回）くり返し、続けて2段めだけ4回編む。
合計18目、各針9目ずつになる。
最後はメリヤスはぎではぎ合わせ、糸始末をする。

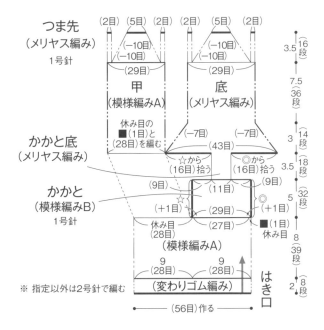

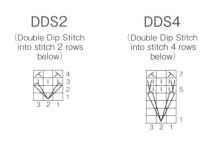

DDS2
(Double Dip Stitch into stitch 2 rows below)

DDS4
(Double Dip Stitch into stitch 4 rows below)

模様編みA、Bの基本記号図はP.48

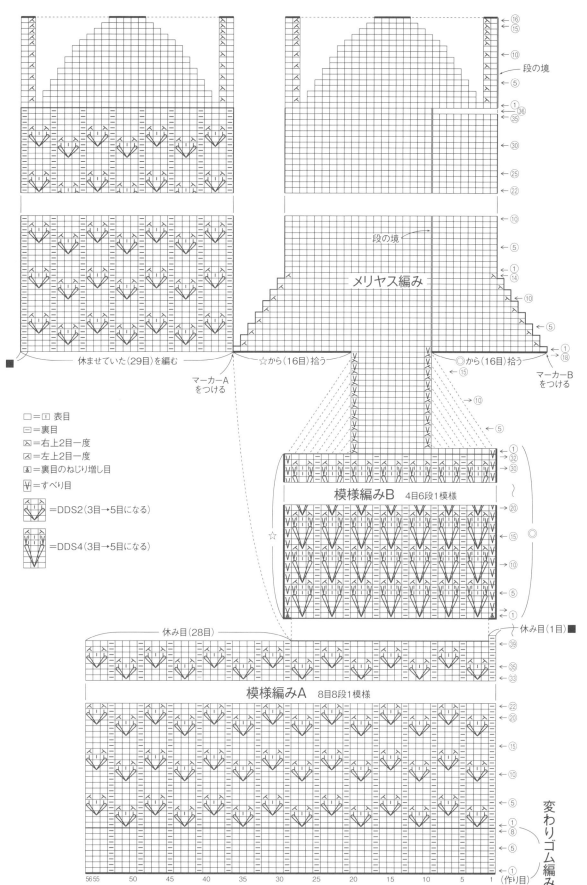

p.6 Swirl スワール (渦巻き)

▶ Yarn
OPAL UNI blue(5188) 55g

▶ Needles
2.4mm (JP #1) 80cm circular needles

▶ Notions
Stitch marker

▶ Gauge
30 sts, 42 rnds = 10cm x 10cm in Stockinette Stitch
33 sts, 50 rnds = 10cm x 10cm in Pattern Stitch

▶ Finished measurements
Foot circumference: 20cm, Foot length: 21.5cm, Leg length: 19 cm

▶ INSTRUCTIONS
CO 56 sts using the German Twisted CO method.
Join to work in the round being careful not to twist the sts.
Place m for BOR.

● LEG
Work in 1x1 (k1, p1) ribbing for 10 rnds or 2.5cm for cuff.
Then, begin working in pattern stitch as follows:
NOTE: Stitch count decreases after working Rnd 1 and increases back after Rnd 2.
Rnd 1: Repeat (k2, yo, k2, sk2po) to end.
Rnd 2: Repeat (k3, yo, k3) to end.
Rep Rnds 1 and 2 thirty times (60 rnds) or for 12 cm.
NOTE: Adjust leg length by working more of less rnds of pattern stitch, but end after Rnd 2.

● HEEL FLAP
NOTE: If sts were shifted when working the LEG, move sts back so that the BORm is at the BOR.
The HEEL FLAP will be work with 28 sts, but after working the first st on 〈N1〉, slip this st to the end of 〈N2〉 and the first st on 〈N2〉 to the end of 〈N1〉, so that the separation between instep and sole will be between the two knit sts.
Row 1 (RS): sl1 wyib, *k1, sl1 wyib; repeat from * to last 1 st, k1.
Row 2 (WS): sl1 wyif, purl to end.
Rep Rows 1 and 2 thirteen more (total fourteen) times and Row 1 once more.
Then turn the heel as follows.

● HEEL TURN
Beginning with the WS, work short rows as follows:
Short row 1 (WS): sl1 wyif, p15, p2tog, p1. Turn.
Short row 2 (RS): sl1 wyib, k5, ssk, k1. Turn.
Short row 3 (WS): sl1 wyif, p6, p2tog, p1. Turn.
Short row 4 (RS): sl1 wyib, k7, ssk, k1. Turn.
Short row 5 (WS): sl1 wyif, p8, p2tog, p1. Turn.
Short row 6 (RS): sl1 wyib, k9, ssk, k1. Turn.
Short row 7 (WS): sl1 wyif, p10, p2tog, p1. Turn.

▶ 使用糸
オパール ユニ ブルー（5188）55g

▶ 使用針
2.4mm（JP1号）80cm輪針

▶ その他の道具
ステッチマーカー

▶ ゲージ
30目、42段＝メリヤス編みで10cm×10cm
33目、50段＝模様編みで10cm×10cm

▶ 仕上がり寸法
フット周り：20cm、フット長さ：21.5cm、レッグ長さ：19cm

▶ 編み方
ジャーマンツイステッドCOの方法で56目作る。
編み目がねじれないように注意しながら、マジックループ方式で輪に編めるように整える。BORにpm。

●レッグ（輪編み）
はき口の1目ゴム編み（「裏目1、表目1」のくり返し）を10段または2.5cm編む。
次に模様編みで編む：
注記：目数が1段めでは1模様で1目減り、2段めで1目増えてもとに戻る。
1段め：【表目2、かけ目、表目2、右上3目一度】を最後までくり返す。
2段め：【表目3、かけ目、表目3】を最後までくり返す。
上記の2段を合計30回くり返す（60段）または12cm編む。
※レッグ長さを調整するにはくり返しを多くまたは少なくし、最後は2段めで編み終える。

●かかと（往復編み）
注記：ここまで編み目の位置を移動させながら編んだ場合は、BORmが編みはじめになるよう整える。
かかとは〈N1〉の28目で編むが、〈N1〉の最初の目を編んだあと、〈N2〉の最後に移し、〈N2〉の最初の目が〈N1〉の最後の目になるように全体を1目右にずらし、甲と足底の境目が「表目2」の間になるようにする。
1段め（表面）：すべり目1、【表目1、すべり目1】を最後に1目残るまでくり返し、表目1。
2段め（裏面）：浮き目1、最後まで裏編み。
上記の2段をあと13回（合計14回）編み、1段めをもう一度編む。
続けて次のかかと底を編む。

●かかと底（往復編み）
裏面から次のように引き返し編みをする：
引き返し編み1段め（裏面）：浮き目1、裏目15、裏目の左上2目一度、裏目1。編み地を返す。
引き返し編み2段め（表面）：すべり目1、表目5、右上2目一度、表目1。編み地を返す。
引き返し編み3段め：浮き目1、裏目6、裏目の左上2目一度、裏目1。編み地を返す。

Short row 8: sl1 wyib, k11, ssk, k1. Turn.
Short row 9: sl1 wyif, p12, p2tog, p1. Turn.
Short row 10: sl1 wyib, k13, ssk, k1. Turn.
Short row 11: sl1 wyif, p14, p2tog. Turn.
Short row 12: sl1 wyib, k14, ssk. (16 sts)
With RS facing, continue to pick-up and knit 14 sts from the edge of HEEL FLAP, pm(A), knit 28 sts on 〈N2〉, pm(B), pick-up and knit 14 sts from the opposite edge of HEEL FLAP, and knit to m(A). This will be the BOR.
44 sts on 〈N1〉, 28 sts on 〈N2〉, total 72 sts.
From hereon, continue working in Stockinette St while decreasing gusset sts on every other rnd as follows:
Rnd 1 (dec rnd): k to m(B), slm m(B), ssk, k to 2 sts before BORm(A), k2tog.
Rnd 2: k to end.
Repeat above two rnds a total of six times. 60 sts remain.
After completing decreases, slip first and last st on 〈N2〉 to both ends on 〈N1〉.
Continue working Stockinette St (k every rnd) until foot measures 5cm less than desired finished foot length.
(Total 44 rnds worked for finished size 21cm.)
NOTE: Finished foot size should be 10% smaller than actual foot size for a nice fit.

▶ TOE
With 30 sts on both N1 and N2, work TOE as follows:
Rnd 1 (dec rnd): *k1, ssk, k to 3 sts before m, k2tog, k1; slm, rep from * to end.
Rnd 2: Knit to end.
Rep above two rnds nine more (total ten) times.
Total 20 sts rem, 10 sts on each needle.
Join these sts together using Kitchener st.
Weave in remaining ends.

引き返し編み4段め:すべり目1、表目7、右上2目一度、表目1。編み地を返す。
引き返し編み5段め:浮き目1、裏目8、裏目の左上2目一度、裏目1。編み地を返す。
引き返し編み6段め:すべり目1、表目9、右上2目一度、表目1。編み地を返す。
引き返し編み7段め:浮き目1、裏目10、裏目の左上2目一度、裏目1。編み地を返す。
引き返し編み8段め:すべり目1、表目11、右上2目一度、表目1。編み地を返す。
引き返し編み9段め:浮き目1、裏目12、裏目の左上2目一度、裏目1。編み地を返す。
引き返し編み10段め:すべり目1、表目13、右上2目一度、表目1。編み地を返す。
引き返し編み11段め:浮き目1、裏目14、裏目の左上2目一度。編み地を返す。
引き返し編み12段め:すべり目1、表目14、右上2目一度。残り16目になる。
表面から、ヒールフラップの端から14目拾い、pm（A）、続けてN2（甲側の28目）を表編み、pm（B）、ヒールフラップの反対側の端から14目拾い、m（A）まで表編み。m（A）がBORとなる。
目数は〈N1〉に44目、〈N2〉に28目、合計72目になる。
ここからは輪に表編みを編みながら、次のように2段ごとにまちの減目を行う:
1段め（減目段）:BORからm（B）まで表編み、slm（B）、右上2目一度、m（A）の手前に2目残るまで表編み、左上2目一度。
2段め:最後まで表編み。
上記の2段を合計6回編む。目数は60目になる。
減目を終えたら、〈N2〉の最初と最後の目を〈N1〉に移す。メリヤス編み（「毎段表編み」を「仕上がりフット長さ−5cm」になるまで編み続ける。
（参考:サンプルは44段編んで21cmの仕上がり）
※フット長さの仕上がり寸法は実寸より10％程度短めに仕上げると心地よくフィットする。

●つま先
〈N1〉・〈N2〉共に30目ずつで次のように編む:
1段め（減目段）:〈N1〉【表目1、右上2目一度、mの手前に3目残るまで表編み、左上2目一度、表目1】、slm。〈N2〉【〜】をくり返す。
2段め:〈N1〉・〈N2〉共に最後まで表編み。
上記の2段をあと9回（合計10回）くり返す。
合計20目、各針10目ずつになる。
最後はメリヤスはぎではぎ合わせ、糸始末をする。

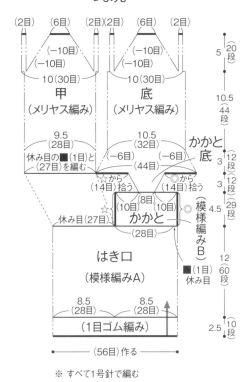

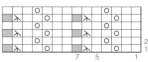

模様編みA

□=[I] 表目
○=かけ目
人=右上3目一度
■=目のないところ

P.45の続き　ディップステッチ模様のソックス

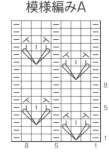

模様編みA

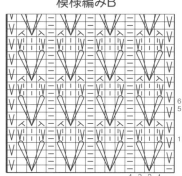

模様編みB

□=[I] 表目
−=裏目
⋏=右上2目一度
⋋=左上2目一度
=裏目のねじり増し目
V=すべり目

=DDS2(3目→5目になる)

=DDS4(3目→5目になる)

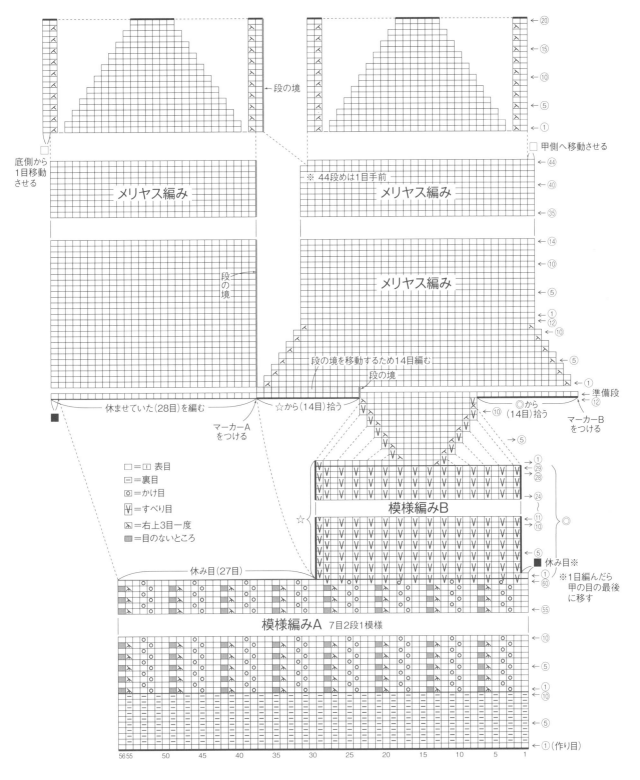

Estonian Flower エストニアン フラワー

▶ **Yarn**
HAMANAKA AMERRY F Beige (529) 45g

▶ **Needles**
2.7mm (JP #2) 80cm circular needles

▶ **Notions** Stitch marker

▶ **Gauge**
27.5sts, 37 rounds = 10cm x 10cm in Pattern Stitch

▶ **Finished measurements**
Foot circumference: 19cm, Foot length: 22.5 cm,
Leg length (from top of heel): 16 cm

▶ **Special Abbreviations**
・pfb (purl into front and back of stitch)
・1/1LPT (one over one left purl twist)
・1/1RPT (one over one right purl twist)

▶ **Pattern Stitch**
・Estonian Flower Stitch (13 sts)
Rnd 1: p6, (k1, p1) three times into next st, p6.
Rnds 2 to 4: p6, k6, p6.
Rnd 5: p2tog twice, p2, (k2, yo) twice, k2, p2, p2tog twice.
Rnd 6: p4, k8, p4.
Rnd 7: p2tog twice, (k2tog, yo, k1, yo) twice, k2tog, p2tog twice.
Rnd 8: p2, k9, p2.
Rnd 9: p6, k1, p6.

▶ **INSTRUCTIONS**
● **TOE**
Rnd 1: p to end.
Rnd 2: On 〈N1〉, *pfb, p until 2 sts rem, pfb, p1; rep from * on 〈N2〉.
Rep above two rnds seven more times. 26 sts on each needle, total 52 sts.

STEM A
Rnd 1: 1/1LPT, p to end.
Rnd 2: p1, k1 tbl, p to end.
Rnd 3: p1, 1/1LPT, p to end.
Rnd 4: p2, k1 tbl, p to end.
Rnd 5: p2, 1/1LPT, p to end.
Rnd 6: p3, k1 tbl, p to end.
Rnd 7: p3, 1/1LPT, p to end.
Rnd 8: p4, k1 tbl, p to end.
Rnd 9: p4, 1/1LPT, p to end.
Rnd 10: p5, k1 tbl, p to end.
Rnd 11: p5, 1/1LPT, p to end.
Rnd 12: p6, k1 tbl, p to end.
Rnd 13: p6, 1/1LPT, p to end.
Rnd 14: p7, k1 tbl, p to end.
Rnd 15: p7, 1/1LPT, p to end.

▶ 使用糸
ハマナカ アメリー エフ《合太》 ベージュ（529） 45g

▶ 使用針
2.7mm (JP2号) 80cm 輪針

▶ その他の道具 ステッチマーカー

▶ ゲージ
27.5目、37段＝模様編みで10cm×10cm

▶ 仕上がり寸法
フット周り：19cm、フット長さ22.5 cm、
レッグ長さ：16cm

▶ 特別な略語
・pfb (purl into front and back of stitch)＝次の目に裏目と裏目のねじり目を編む（1目増）
・1/1LPT (one over one left purl twist)＝ねじり右上1目交差（右上がねじり目、下の目が裏目）：1目めをなわ編み針に移して手前におき、次の目を裏目1、なわ編み針の目をねじり目の表目1。
・1/1RPT (one over one right purl twist)＝ねじり左上1目交差（左上がねじり目、下の目が裏目）：1目めをなわ編み針に移して向こう側におき、次の目をねじり目の表目1、なわ編み針の目を裏目1。

▶ 模様編み
・Estonian Flower Stitch（輪編み・1模様9段、13目）
1段め：裏目6、次の目に（表目1、裏目1）を3回編み入れ、裏目6。
2～4段め：裏目6、表目6、裏目6。
5段め：裏目の左上2目一度を2回、裏目2、（表目2、かけ目）を2回、表目2、裏目の左上2目一度を2回。
6段め：裏目4、表目8、裏目4。
7段め：裏目の左上2目一度を2回、（左上2目一度、かけ目、表目1、かけ目）を2回、左上2目一度、裏目の左上2目一度を2回。
8段め：裏目2、表目9、裏目2。
9段め：裏目6、表目1、裏目6。

▶ 編み方
● つま先（輪編み）
ジュディーズマジックCOの方法で20目作る。
〈N1〉〈N2〉共に10目ずつ。
1段め：最後まで裏編み。
2段め：〈N1〉【pfb、最後に2目残るまで裏編み、pfb、裏目1】。〈N2〉【〜】をくり返す。
上記の2段をあと7回編む。各針に26目、合計52目になる。

茎A
1段め：1/1LPT、最後まで裏編み。
2段め：裏目1、表目のねじり目1、最後まで裏編み。
3段め：裏目1、1/1LPT、最後まで裏編み。
4段め：裏目2、表目のねじり目1、最後まで裏編み。

Rnd 16: p8, k1 tbl, p to end.
Rnd 17: p8, 1/1LPT, p to end.
Rnd 18: p9, k1 tbl, p to end.
Rnd 19: p9, 1/1LPT, p to end.
Rnds 20, 21, 22: p10, k1 tbl, p to end.
Rnd 23: p9, 1/1RPT, p to end.
Rnd 24: p9, k1 tbl, p to end.
Rnd 25: p8, 1/1RPT, p to end.
Rnd 26: p8, k1 tbl, p to end.

● FOOT

NOTE: Work as follows for 〈N1〉 and purl to end on 〈N2〉 unless stated otherwise.
Work Rnds 1 to 26 of STEM A.
Then continue working Estonian Flower Stitch as follows:
Rnd 1: p2, work Estonian Flower Stitch Rnd 1, p to end.
Rnds 2 to 8: p2, work next Rnd of Estonian Flower Stitch, p to end.
Rnd 9: p2, work Rnd 9 of Estonian Flower Stitch, p until 2 sts remain on 〈N1〉.
Begin STEM B with the remaining 2 sts.

STEM B

NOTE: Cont as follows for 〈N1〉 and purl to end on 〈N2〉 unless stated otherwise.
Rnd 1: (Work Rnd 9 as mentioned above to last 2 sts on 〈N1〉), 1/1RPT.
Rnd 2: p to last 2 sts, on 〈N1〉 k1 tbl, p1.
Rnd 3: p to last 3 sts, on 〈N1〉 1/1RPT, p1.
Rnd 4: p to last 3 sts, on 〈N1〉 k1 tbl, p2.
Rnd 5: p to last 4 sts, on 〈N1〉 1/1RPT, p2.
Rnd 6: p to last 4 sts, on 〈N1〉 k1 tbl, p3.
Rnd 7: p to last 5 sts, on 〈N1〉 1/1RPT, p3.
Rnd 8: p to last 5 sts, on 〈N1〉 k1 tbl, p4.
Rnd 9: p to last 6 sts, on 〈N1〉 1/1RPT, p4.
Rnd 10: p to last 6 sts, on 〈N1〉 k1 tbl, p5.
Rnd 11: p to last 7 sts, on 〈N1〉 1/1RPT, p5.
Rnd 12: p to last 7 sts, on 〈N1〉 k1 tbl, p6.
Rnd 13: p to last 8 sts, on 〈N1〉 1/1RPT, p6.
Rnd 14: p to last 8 sts, on 〈N1〉 k1 tbl, p7.
Rnd 15: p to last 9 sts, on 〈N1〉 1/1RPT, p7.
Rnd 16: On 〈N1〉, p to last 9 sts, k1 tbl, p8.
Now, leave sts on 〈N1〉 on hold and begin working HEEL with sts on 〈N2〉 as follows:

● HEEL (Worked back and forth)

NOTE: This heel uses Wrap and Turn method for short rows, but the wraps will not be picked up but remains on the stitch.
Row 1 (RS): sl1, p24, w&t.
Row 2 (WS): k24, w&t.

5段め：裏目2、1/1LPT、最後まで裏編み。
6段め：裏目3、表目のねじり目1、最後まで裏編み。
7段め：裏目3、1/1LPT、最後まで裏編み。
8段め：裏目4、表目のねじり目1、最後まで裏編み。
9段め：裏目4、1/1LPT、最後まで裏編み。
10段め：裏目5、表目のねじり目1、最後まで裏編み。
11段め：裏目5、1/1LPT、最後まで裏編み。
12段め：裏目6、表目のねじり目1、最後まで裏編み。
13段め：裏目6、1/1LPT、最後まで裏編み。
14段め：裏目7、表目のねじり目1、最後まで裏編み。
15段め：裏目7、1/1LPT、最後まで裏編み。
16段め：裏目8、表目のねじり目1、最後まで裏編み。
17段め：裏目8、1/1LPT、最後まで裏編み。
18段め：裏目9、表目のねじり目1、最後まで裏編み。
19段め：裏目9、1/1LPT、最後まで裏編み。
20～22段め：裏目10、表目のねじり目1、最後まで裏編み。
23段め：裏目9、1/1RPT、最後まで裏編み。
24段め：裏目9、表目のねじり目1、最後まで裏編み。
25段め：裏目8、1/1RPT、最後まで裏編み。
26段め：裏目8、表目のねじり目1、最後まで裏編み。

●フット

注記：〈N1〉は下記の通りに編み、〈N2〉は特に指示がない限り最後まで裏編み。
茎Aの1～26段まで編む。
Estonian Flower Stitch（EFS）を次の通り編む。
1段め：裏目2、EFSの1段めを編み、最後まで裏編み。
2～8段め：裏目2、EFSの次の段を編み、最後まで裏編み。
9段め：裏目2、EFSの9段めを編み、〈N1〉の最後に2目残るまで裏編み。最後の2目は下記の「茎B」を編み始める。

茎B

注記：引き続き〈N1〉は下記の通りに編み、〈N2〉は特に指示がない限り最後まで裏編み。
1段め：（上記の通り、〈N1〉の最後の2目まで編み）1/1RPT。
2段め：〈N1〉の最後の2目まで裏編み、表目のねじり目1、裏目1。
3段め：〈N1〉の最後の3目まで裏編み、1/1RPT、裏目1。
4段め：〈N1〉の最後の3目まで裏編み、表目のねじり目1、裏目2。
5段め：〈N1〉の最後の4目まで裏編み、1/1RPT、裏目2。
6段め：〈N1〉の最後の4目まで裏編み、表目のねじり目1、裏目3。
7段め：〈N1〉の最後の5目まで裏編み、1/1RPT、裏目3。
8段め：〈N1〉の最後の5目まで裏編み、表目のねじり目1、裏目4。
9段め：〈N1〉の最後の6目まで裏編み、1/1RPT、裏目4。
10段め：〈N1〉の最後の6目まで裏編み、表目のねじり目1、裏目5。

Row 3: p23, w&t.
Row 4: k22, w&t.
Row 5: p21, w&t.
Row 6: k20, w&t.
Row 7: p19, w&t.
Row 8: k18, w&t.
Row 9: p17, w&t.
Row 10: k16, w&t.
Row 11: p15, w&t.
Row 12: k14, w&t.
Row 13: p13, w&t.
Row 14: k12, w&t.
Row 15: p11, w&t.
Row 16: k10, w&t.
From hereon, leave the wrap on the stitch and work a second wrap.
There will be two wraps.
Row 17 p11, w&t.
Row 18: K12, w&t.
Row 19: p13, w&t.
Row 20: K14, w&t.
Row 21: p15, w&t.
Row 22: K16, w&t.
Row 23: p17, w&t.
Row 24: K18, w&t.
Row 25: p19, w&t.
Row 26: K20, w&t.
Row 27: p21, w&t.
Row 28: K22, w&t.
Row 29: p23, w&t.
Row 30: K24, w&t.
Row 31: p25, w&t.
Row 32: k26, wrap the first st on the other needle & turn.
Row 33: p26.

11段め：〈N1〉の最後の7目まで裏編み、1/1RPT、裏目5。
12段め：〈N1〉の最後の7目まで裏編み、表目のねじり目1、裏目6。
13段め：〈N1〉の最後の8目まで裏編み、1/1RPT、裏目6。
14段め：〈N1〉の最後の8目まで裏編み、表目のねじり目1、裏目7。
15段め：〈N1〉の最後の9目まで裏編み、1/1RPT、裏目7。
16段め：〈N1〉の最後の9目まで裏編み、表目のねじり目1、裏目8。
ここから〈N1〉の目は休ませておき、〈N2〉だけで次の通り、かかとを編みはじめる。

●かかと(往復編み)
注記：このかかとはラップ＆ターン式の引き返し編みで編むが、ラップは拾わず編み目に巻きつけたままにしておく。
1段め(表面)：sl1、裏目24、w&t。
2段め(裏面)：表目24、w&t。
3段め：裏目23、w&t。
4段め：表目22、w&t。
5段め：裏目21、w&t。
6段め：表目20、w&t。
7段め：裏目19、w&t。
8段め：表目18、w&t。
9段め：裏目17、w&t。
10段め：表目16、w&t。
11段め：裏目15、w&t。
12段め：表目14、w&t。
13段め：裏目13、w&t。
14段め：表目12、w&t。
15段め：裏目11、w&t。
16段め：表目10、w&t。
ここからは編み目に巻きつけたラップは拾わずにつけたままにしておく。19段めからはラップが2本になる。
17段め：裏目11、w&t。
18段め：表目12、w&t。
19段め：裏目13、w&t。
20段め：表目14、w&t。
21段め：裏目15、w&t。
22段め：表目16、w&t。
23段め：裏目17、w&t。
24段め：表目18、w&t。
25段め：裏目19、w&t。
26段め：表目20、w&t。
27段め：裏目21、w&t。
28段め：表目22、w&t。
29段め：裏目23、w&t。
30段め：表目24、w&t。
31段め：裏目25、w&t。
32段め：表目26、もう片方の針の1目めにラップして編み地を返す。
33段め：裏目26。

● LEG

Resume working in the round as follows:
On ⟨N1⟩; begin working STEM A from Rnd 1 and continue working Estonian Flower Stitch (EFS) from STEM B as follows:
Rnd 1: 1/1LPT, p9, pm, work EFS Rnd 1, p2.
Rnd 2: p1, k1 tbl, p to m, slm, work EFS Rnd 2, p2.
Rnd 3: p1, 1/1LPT, p to m, slm, work EFS Rnd 3, p2.
Rnd 4: p2, k1 tbl, p to m, slm, work EFS Rnd 4, p2.
Rnd 5: p2, 1/1LPT, p to m, slm, work EFS Rnd 5, p2.
Rnd 6: p3, k1 tbl, p to m, slm, work EFS Rnd 6, p2.
Rnd 7: p3, 1/1LPT, p to m, slm, work EFS Rnd 7, p2.
Rnd 8: p4, k1 tbl, p to m, slm, work EFS Rnd 8, p2.
Rnd 9: p4, 1/1LPT, p to m, rm, work EFS Rnd 9, p2.
Rnd 10: p5, k1 tbl, p to end.
Rnd 11: p5, 1/1LPT, p to end.
Rnd 12: p6, k1 tbl, p to end.
Rnd 13: p6, 1/1LPT, p to end.
Rnd 14: p7, k1 tbl, p to end.
Rnd 15: p7, 1/1LPT, p to end.
Rnd 16: p8, k1 tbl, p to end.
Next rnd: p2, work EFS, p to end.
Cont above rnd, working the next rnd for EFS for each rnd.
After finishing the EFS, purl all sts on ⟨N1⟩ for following rnds.
At the same time, work ⟨N2⟩ as follows:
Work STEM A followed by EFS as for FOOT.
But do not work STEM B for the last round !
After finishing EFS on ⟨N2⟩, purl for eight rnds.
Cut yarn leaving a tail of approx. 50cm.
Thread tail end through yarn needle and BO using the Sewn BO method.
Weave in remaining ends and block lightly.

● レッグ(輪編み)

ここから⟨N1⟩：茎Aの1段めから編みはじめ、続けて茎Bから続けてEstonian Flower Stitch (EFS)を編む：
1段め：1/1LPT、裏目9、pm、EFSの1段めを編む、裏目2。
2段め：裏目1、表目のねじり目1、mまで裏編み、slm、EFSの2段めを編む、裏目2。
3段め：裏目1、1/1LPT、mまで裏編み、slm、EFSの3段めを編む、裏目2。
4段め：裏目2、表目のねじり目1、mまで裏編み、slm、EFSの4段めを編む、裏目2。
5段め：裏目2、1/1LPT、mまで裏編み、slm、EFSの5段めを編む、裏目2。
6段め：裏目3、表目のねじり目1、mまで裏編み、slm、EFSの6段めを編む、裏目2。
7段め：裏目3、1/1LPT、mまで裏編み、slm、EFSの7段めを編む、裏目2。
8段め：裏目4、表目のねじり目1、mまで裏編み、slm、EFSの8段めを編む、裏目2。
9段め：裏目4、1/1LPT、mまで裏編み、rm、EFSの9段めを編む、裏目2。
10段め：裏目5、表目のねじり目1、最後まで裏編み。
11段め：裏目5、1/1LPT、最後まで裏編み。
12段め：裏目6、表目のねじり目1、最後まで裏編み。
13段め：裏目6、1/1LPT、最後まで裏編み。
14段め：裏目7、表目のねじり目1、最後まで裏編み。
15段め：裏目7、1/1LPT、最後まで裏編み。
16段め：裏目8、表目のねじり目1、最後まで裏編み。
次段：裏目2、EFSを編み、最後まで裏編み。
上記の段の要領で編み続け、毎段EFSの次の段を編む。
EFSを編み終えるとこの後の⟨N1⟩は裏編みを続ける。
同時に⟨N2⟩は次のように編む：
フットと同様に茎AとEFSを編む。
最後の段は茎Bを編まない！
⟨N2⟩のEFSを編んだあと、裏編みで8段編む。
糸端を約50cm残して糸を切る。
糸端をとじ針に通し、ソウン・バインドオフ(巻き止めP.93参照)の方法で止める。
糸始末をして軽くブロッキングする。

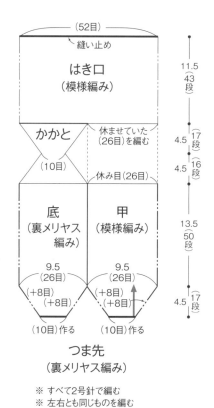

※ すべて2号針で編む
※ 左右とも同じものを編む

エストニアンフラワーステッチ
Estonian Flower Stitch (EFS)
(1模様13目9段)

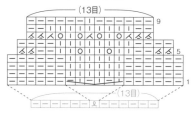

1/1LPT＝ ねじり右上1目交差（下の目は裏目）

1/1RPT＝ ねじり左上1目交差（下の目は裏目）

pfb＝ 裏目を編み、左針から外さず、左針にある編んだ目の向こう側にある糸をねじるようにして裏目をもう一度編む

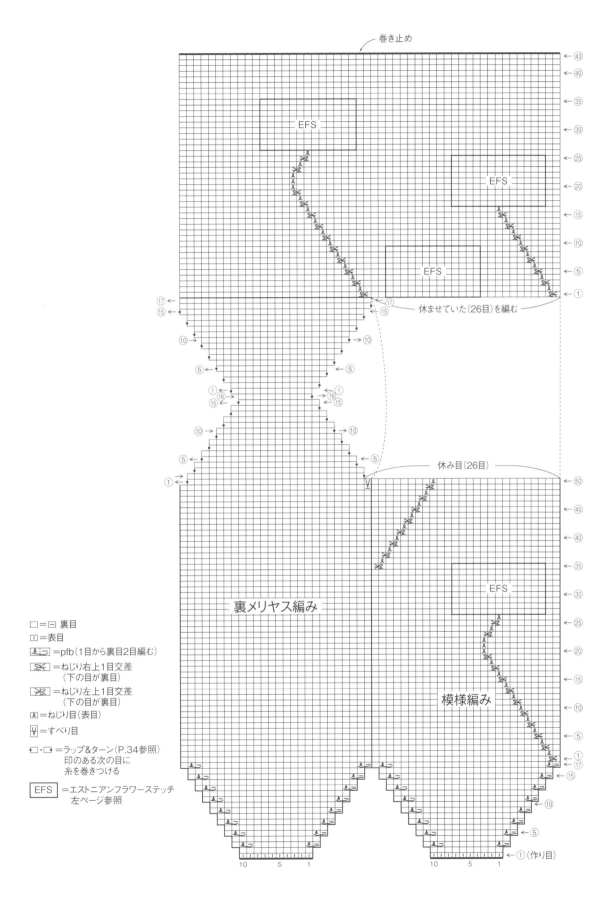

p.10 Two-color Brioche Socks 2カラーブリオッシュソックス

▶ Yarn
Kid's (Women's, Men's)
MC: Keito URURI
Beige(00)30g (Brown(06)45g, Light blue(03)65g)
CC: Hedgehog Fibres Sock Yarn
Wildcard 15g (Monarch 20g, Bubble 30g)

▶ Needles
2.4mm (JP #1) and 3.0mm (JP #3) 80 cm circular needles

▶ Notions Stitch marker

▶ Gauge
24 sts, 68 rnds = 10cm x 10 cm in Two color brioche stitch
28 sts, 43 rnds = 10cm x 10 cm in Stockinette st
Both using 2.4 mm needles

▶ Finished measurements
Kid's (Women's, Men's)
Foot circumference: 16 cm (17.5 cm, 22 cm)
Foot length: 16 cm (21.5 cm, 26.5 cm)
Leg length: 10.5 cm (14 cm, 19 cm)

This sock is worked from toe-up with wedge toes and two-color brioche stitch worked for the instep and around the leg. The heel is worked in short rows.
Toes, heels and cuffs are worked by holding the yarn double to accommodate for the thickness of fabric and to provide durability. Sizes for foot and legs are easily adjustable.

▶ Special Abbreviations
· sl1yo (Slip 1st, yarn over)
with yarn in front, slip 1st placing a yarn over it.
· brk(Brioche knit)
Knit the st slipped on the prev row with its yo.
· brp(brioche purl)
Purl the st slipped on the prev row with its yo.

▶ Pattern Stitch
Two-color Brioche Stitch Pattern (multiple of 2 sts)
Rnd 1: With CC, (brk1, sl1 yo) to end.
Rnd 2: With MC, (sl1 yo, brp1) to end.
Repeat above two rnds for pattern.

▶ INSTRUCTIONS
● TOE
With MC held double CO 18 (18, 22) sts using the Turkish CO on 3.0mm needle. 9 (9, 11) sts on each needle.
Rnd 1: knit to end of rnd.
Rnd 2: ⟨N1⟩ & ⟨N2⟩: k1, M1L, k until last st, M1R, k1.
Repeat above two rounds five (six, eight) more times, until there are a total of 42 (46, 58) sts. 21 (23, 29) sts on each needle.

▶ 使用糸
キッズ（レディース、メンズ）
MC：Keito　うるり　生成り（00）30g（茶色（06）45g、水色（03）65g）
CC：ヘッジホックファイバー ソックヤーン 黄色系段染め（Wildcarcl）15g（オレンジ系段染め（Monarch）20g、青系段染め（Bubble）30g）

▶ 使用針
2.4mm（JP1号）と3.0mm（JP3号）80cm輪針

▶ その他の道具　ステッチマーカー

▶ ゲージ
24目、68段＝2色のブリオッシュ編みで10cm×10cm
28目、43段＝メリヤス編み、メリヤス編み縞で10cm×10cm
どちらも1号針を使用

▶ 仕上がり寸法
キッズ（レディース、メンズ）
フット周り：16cm（17,5cm、22cm）
フット長さ：16cm（21.5cm、26.5cm）
レッグ長さ：10.5cm（14cm、19cm）

この靴下はトウアップ（つま先から上方向）に編み進める。つま先はウェッジトウ、甲とレッグ部分は2色のブリオッシュ編みで編み、かかとはショートロウヒールに編む。
つま先、かかと、はき口は糸を2本どりにして編み、厚みを出すことで補強する。
フット、レッグの長さのどちらも簡単に調整できる。

▶ 特別な略語
· sl1yo（slip 1 st, yarn over）：
糸を手前にして「すべり目」をしながらその目に「かけ目」を重ねる（引き上げ目）
· brk（brioche knit）：前段でsl1yoした目（2本の目）を表目に編む。
· brp（brioche purl）：前段でsl1yoした目（2本の目）を裏目に編む。

▶ 模様編み
2色のブリオッシュ編み（2目の倍数）・輪編み
1段め：CCで、(brk1、sl1yo)をくり返す。
2段め：MCで(sl1yo、brp1)をくり返す。
上記の2段をくり返す。

▶ 編み方
注記：目数などの数字は「キッズ（レディース、メンズ）」の順で記載している。

●つま先
MCの糸を2本どりにして3号針を使ってターキッシュCOの方法で18（18、22）目作る（各針に9（9、11）目ずつ）。
1段め：表編み。
2段め：⟨N1⟩：表目1、M1L、最後に1目残るまで表目、

● FOOT

With 2.4mm needle, work with one strand of either yarn as specified:

Set-up Rnd : With MC: ⟨N1⟩, k1, (sl1yo, k1) to end. ⟨N2⟩, knit to end.

Rnd 1: With CC: ⟨N1⟩, sl1yo, (brp1, sl1yo) to end. ⟨N2⟩, knit to end.

Rnd 2: With MC: ⟨N1⟩, k1, (sl1yo, brk1) to end. ⟨N2⟩, knit to end.

Repeat above two rnds until foot measures 13.5 (18.5, 22.5) cms or until 2.5 (3, 4) cms less than desired foot length measuring along the sole (St st side) from the tip of toe.

The two-color brioche st was worked for 44, (64, 76) rnds for each sample.

● HEEL

Switch to 3.0mm needle and with MC held double, work back and forth in short rows as follows:

Row 1 (RS): k20 (22, 28), w&t.
Row 2 (WS): p19 (21, 27), w&t.
Row 3: k18 (20, 26), w&t.
Row 4: p17 (19, 25), w&t.
Row 5: k16 (18, 24), w&t.
Row 6: p15 (17, 23), w&t.
Row 7: k14 (16, 22), w&t.
Row 8: p13 (15, 21), w&t.
Row 9: k12 (14, 20), w&t.
Row 10: p11 (13, 19), w&t.
Row 11: k10 (12, 18), w&t.
Row 12: p9 (11, 17), w&t.
Row 13: k - (10, 16), w&t.
Row 14: p - (9, 15), w&t.
Row 15: k - (-, 14), w&t.
Row 16: p - (-, 13), w&t.
Row 17: k - (-, 12), w&t.
Row 18: p - (-, 11), w&t.

Now, work as follows being careful to pick up the wrap and knit or purl it together with the wrapped st.

NOTE: Be sure to pick up two wraps from Row 15 (17, 21) onwards.

Row 13: k10(-, -), w&t.
Row 14: p11(-, -), w&t.
Row 15: k12 (10, -), w&t.
Row 16: p13 (11, -), w&t.
Row 17: k14 (12, -), w&t.
Row 18: p15 (13, -), w&t.
Row 19: k16 (14,12), w&t.
Row 20: p17 (15,13), w&t.

M1R、表目1。
⟨N2⟩：⟨N1⟩と同様に編む。
上記の2段をあと5 (6、8) 回編む。合計42 (46、58) 目 (各針21 (23、29) 目ずつ) になる。

●フット

1号針に持ち替え、指定されたMC、CCそれぞれ1本ずつ使って次の通りに編む。

準備段：MCで⟨N1⟩：表目1、【sl1yo、表目1】、【～】を最後までくり返す。⟨N2⟩：最後まで表編み。

1段め：CCで、⟨N1⟩：sl1yo、【brp1、sl1yo】、【～】を最後までくり返す。⟨N2⟩：最後まで表編み。

2段め：MCで⟨N1⟩：表目1、【sl1yo、brk1】、【～】を最後までくり返す。⟨N2⟩：最後まで表編み。

上記の2段をくり返し、足底側 (メリヤス編み) で測ってフットがつま先から13.5 (18.5、22.5) cmまたは「好みのフット長さ－2.5 (3、4) cm」になるまでくり返し編む。(サンプルは準備段を含めて44 (64、76) 段)。

MCで⟨N1⟩だけ編み、かかとへ進む。

●かかと

3号針に持ち替え、MCを2本どりにして⟨N2⟩だけでかかとを往復にラップ＆ターン (w&t) の引き返し編みをしながら編む。

1段め (表面)：表目20 (22、28)、w&t。
2段め (裏面)：裏目19 (21、27)、w&t。
3段め：表目18 (20、26)、w&t。
4段め：裏目17 (19、25)、w&t。
5段め：表目16 (18、24)、w&t。
6段め：裏目15 (17、23)、w&t。
7段め：表目14 (16、22)、w&t。
8段め：裏目13 (15、21)、w&t。
9段め：表目12 (14、20)、w&t。
10段め：裏目11 (13、19)、w&t。
11段め：表目10 (12、18)、w&t。
12段め：裏目9 (11、17)、w&t。
13段め：表目－ (10、16)、w&t。
14段め：裏目－ (9、15)、w&t。
15段め：表目－ (－、14)、w&t。
16段め：裏目－ (－、13)、w&t。
17段め：表目－ (－、12)、w&t。
18段め：裏目－ (－、11)、w&t。

ここからは編み進みながら引き返し編みを編む。

※1：15 (17、21) 段めからはラップを2本拾いながら編む。

※2：キッズは23段め、レディースは27段めで引き返し編みは終わる。

13段め：表目10 (－、－)、w&t。
14段め：裏目11 (－、－)、w&t。
15段め：表目12 (10、－)、w&t。
16段め：裏目13 (11、－)、w&t。

Row 21: k18 (16,14), w&t.
Row 22: p19 (17,15), w&t.
Row 23: k20 (18,16), w&t.
Row 24: p - (19,17), w&t.
Row 25: k - (20,18), w&t.
Row 26: p - (21,19), w&t.
Row 27: k - (22,20), w&t.
Row 28: p - (- ,21), w&t.
Row 29: k - (- ,22), w&t.
Row 30: p - (- ,23), w&t.
Row 31: k - (- ,24), w&t.
Row 32: p - (- ,25), w&t.
Row 33: k - (- ,26), w&t.
Row 34: p - (- ,27), w&t.
Row 35: k - (- ,28)

The HEEL is now complete.

● LEG
Switch to smaller needle (2.4mm) and resume working in the rnd beginning with CC in Two-color Brioche Stitch Pattern until 2 (2.5, 2.5) cm less than desired leg length.
(41 (59,85) rnds or 6 (8.5,12.5) cm worked for sample.)
Break yarn CC.

● CUFF
With larger needle (3.0mm) and MC held double, work in 1x1 ribbing (k1, p1) as follows:
Set-up rnd: (brk1, p1) to end.
Next rnd: (k1, p1) to end.
Rep last rnd until ribbing measures 2 (2.5, 2.5) cm.
Cut yarn leaving a long tail and BO with yarn held double using the Italian BO method.

17段め：表目14 (12、ー)、w&t。
18段め：裏目15 (13、ー)、w&t。
19段め：表目16 (14、12)、w&t。
20段め：裏目17 (15、13)、w&t。
21段め：表目18 (16、14)、w&t。
22段め：裏目19 (17、15)、w&t。
23段め：表目20 (18、16)、w&t。
24段め：裏目ー (19、17)、w&t。
25段め：表目ー (20、18)、w&t。
26段め：裏目ー (21、19)、w&t。
27段め：表目ー (22、20)、w&t。
28段め：裏目ー (ー、21)、w&t。
29段め：表目ー (ー、22)、w&t。
30段め：裏目ー (ー、23)、w&t。
31段め：表目ー (ー、24)、w&t。
32段め：裏目ー (ー、25)、w&t。
33段め：表目ー (ー、26)、w&t。
34段め：裏目ー (ー、27)、w&t。
35段め：表目ー (ー、28)。

これでかかとが編めた。

●レッグ
1号針に持ち替え、再び2色のブリオッシュ編みをCCから輪に編み、「好みのレッグ長さー2 (2.5、2.5) cm」になるまで編む。最後はCCで編み終える。

●はき口
MCの糸を2本どりにして3号針で1目ゴム編みを次のように表目・裏目が目なりに重なるように編む。
準備段：【表目1、brp1】、【〜】を最後までくり返す。
次段：【表目1、裏目1】、【〜】を最後までくり返す。
上記の段をくり返し、1目ゴム編みが2 (2.5、2.5) cmになるまで編む。2本どりで1目ゴム編み止めにする。
糸始末をして、好みの方法でブロッキングをする。

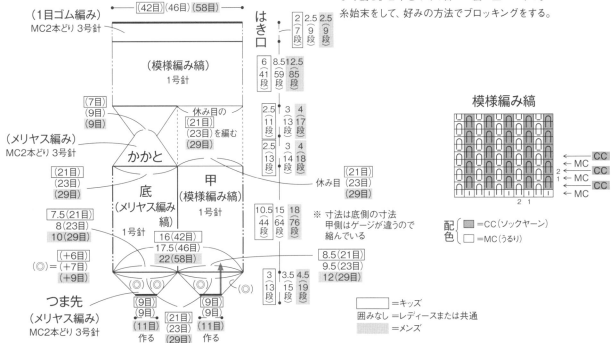

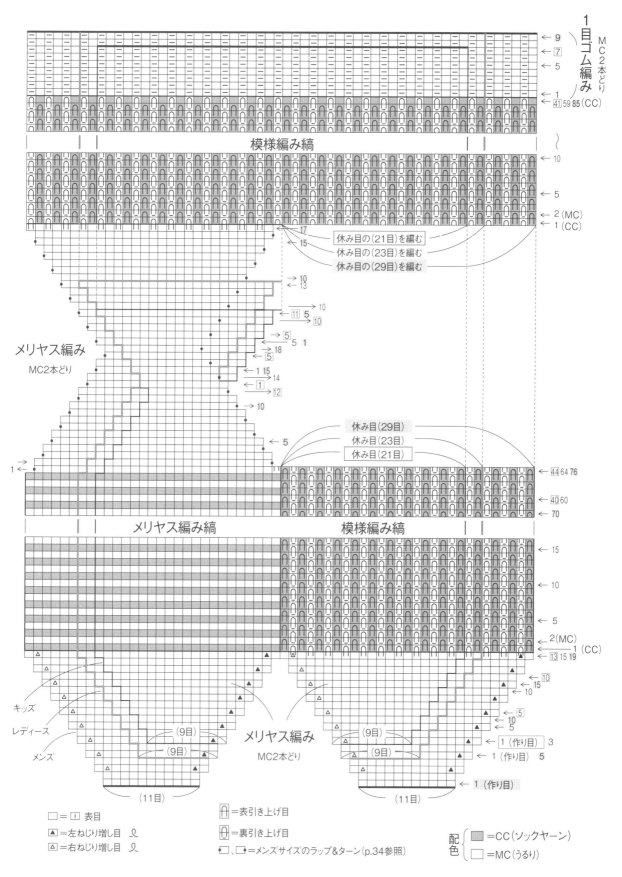

p.12 Orange オレンジ

▶ **Yarn**
DARUMA Rambouillet Merino Wool Orange (Col. 7) 70g

▶ **Needles**
3.0mm (JP #3) 80 cm circular needles

▶ **Notions** Removable stitch marker, Stitch marker, Cable needle

▶ **Gauge**
31 sts, 33.5 rnds = 10cm x 10cm in Stockinette Stitch and Pattern Stitch

▶ **Finished measurements**
Foot circumference: 18cm, Foot length: 20 cm, Leg length: 21 cm

▶ **Pattern Stitch**
Orange Pattern Stitch (work with a multiple of 18 sts)
CABLE: slip 1 st to first removable marker, hold in front, sl 6 sts to cn, hold in back, k1 from LH needle, then [p1, k4, p1] from cn, and k1 from removable marker.
Rnd 1: *p1, k1, p1, k2tog, yo2, ssk, p1, k1; rep from * to end.
Rnd 2: *(p1, k1) twice, (k1 tbl, k1) into yo2 of prev rnd, k1, p1, k1; rep from * to end.
Rnd 3: *p1, k1, p1, yo, k2tog, ssk, yo, p1, k1; rep from * to end.
Rnd 4: *p1, k1, p1, k4, p1, k1; rep from * to end.
Rnds 5 & 6: Work as Rnds 1 & 2.
Rnd 7: *p1, k1, p1, yo, k2tog, ssk, yo, p1, k1, p1, CABLE with the next eight sts; rep from * to end.
Rnd 8: Work as Rnd 4.
Rnds 9 to 14: Rep Rnds 1 to 6.
Rnd 15: *p1, CABLE with the next eight sts, p1, k1, p1, yo, k2tog, ssk, yo, p1, k1; rep from * to end.
Rnd 16: Work as Rnd 4.

▶ **INSTRUCTIONS**
CO 54 sts using the German Twisted CO method.
Join to work in the round being careful not to twist the sts.
Work ribbing as follows:
Set-up rnd: *(p1, k1) twice, p1, (p1, k1) twice; rep from * to end.
Next rnd: *(p1, k1 tbl) twice, p1, (p1, k1 tbl) twice; rep from * to end.
Repeat above rnd eight more times.
Then begin working in Orange Pattern Stitch from Rnd 1 to 16 twice, and then Rnds 1 to 12 once more.

▶ 使用糸
DARUMA ランブイエ メリノウール ディープオレンジ(7) 70g

▶ 使用針
3.0mm（JP3号）80cm 輪針

▶ その他の道具 段数マーカー、ステッチマーカー、なわ編み針

▶ ゲージ
31目、33.5段＝メリヤス編み、模様編みで10cm×10cm

▶ 仕上がり寸法
フット周り：18cm、フット長さ：20cm、レッグ長さ：21 cm

▶ 模様編み
・ORANGE模様編み（18目の倍数）
CABLE：1目めを段数マーカーに取り編み地の手前におき、次の6目をなわ編み針に移して編み地の向こう側におく。左針から表目1、なわ編み針の目を［裏目1、表目4、裏目1］、段数マーカーに移していた目を表目1。
1段め：【裏目1、表目1、裏目1、左上2目一度、かけ目2、右上2目一度、裏目1、表目1】、【〜】を最後までくり返す。
2段め：【（裏目1、表目1）を2回、（前段の「かけ目2」に）「表目のねじり目1、表目1」、表目1、裏目1、表目1】、【〜】を最後までくり返す。
3段め：【裏目1、表目1、裏目1、かけ目、左上2目一度、右上2目一度、かけ目、裏目1、表目1】、【〜】を最後までくり返す。
4段め：【裏目1、表目1、裏目1、表目4、裏目1、表目1】、【〜】を最後までくり返す。
5・6段め：1・2段めと同様に編む。
7段め：【裏目1、表目1、裏目1、かけ目、左上2目一度、右上2目一度、かけ目、裏目1、表目1、裏目1、（次の8目で）CABLE】、【〜】を最後までくり返す。
8段め：4段めと同様に編む。
9〜14段め：1〜6段めと同様に編む。
15段め：【裏1、（次の8目で）CABLE、裏目1、表目1、裏目1、かけ目、左上2目一度、右上2目一度、かけ目、裏目1、表目1】、【〜】を最後までくり返す。
16段め：4段めと同様に編む。

▶ 編み方
ジャーマンツイステッドCOの方法で54目作る。
編み目がねじれないように気をつけながら輪に編めるように整える。
次のようにリブ編みを編む：
準備段：【（裏目1、表目1）を2回、裏目1、（裏目1、表目1）を2回】、【〜】を最後までくり返す。
次段：【（裏目1、表目のねじり目1）を2回、裏目1、（裏目1、表目のねじり目1）を2回】、【〜】を最後までくり返す。
上記の段をあと8回編む。
ここから模様編みの1〜16段めを2回、さらに1〜12段めまでをもう一度編む。

● **HEEL FLAP**

For the HEEL FLAP, work back and forth with the sts on ⟨N1⟩ as follows:
Set-up row (RS): ⟨N1⟩, M1, p1, (k1 tbl, p1) twice, [p1, (k1 tbl, p1) four times], twice, (p1, k1 tbl) twice, and p1 by shifting the first st on ⟨N2⟩ to the end of ⟨N1⟩, then M1.
Total 30 sts.
Keep the 26 sts remaining on ⟨N2⟩ on hold.
For the following rows, slip the first st purlwise with yarn in front (sl1 wyif) for WS rows and with yarn in back (sl1 wyib) for RS rows, unless mentioned otherwise.
WS rows: sl1, k the k sts and purl the p sts tbl as est.
RS rows: sl1, p the p sts and knit the k sts tbl as est.
Cont the above two rows until a total of 18 rows are worked, ending with a WS row.

● **HEEL TURN**

Row 1 (RS): sl1, k15, ssk, k1. Turn.
Row 2 (WS): sl1, p3, p2tog, p1. Turn.
Row 3: sl1, k4, ssk, k1. Turn.
Row 4: sl1, p5, p2tog, p1. Turn.
Row 5: sl1, k6, ssk, k1. Turn.
Row 6: sl1, p7, p2tog, p1. Turn.
Cont in this way until all sts are worked:
Row 13: sl1, k14, ssk. Turn.
Row 14: sl1, p14, p2tog. Turn. 16 sts rem.

● **GUSSET**

From RS, resume working in the round.
Sl1, k7, pm for BOR, k8, cont to pick-up 10 sts along the side edge of heel flap as follows:
Pick-up and knit 9 sts, pm, pick up and purl 1.
For ⟨N2⟩, work pattern stitch from the 2nd st of Row 5.
Cont to pick 10 sts along the opposite side edge of heel flap as follows:
Pick up and purl 1 st, pm, pick-up and knit 9 sts, then k to end. Total 62 sts.
Next work decrease rnds as follows:
Rnd 1 (dec rnd): k to 2 sts before 1st m, k2tog, slm, work next row of pattern stitch to 2nd m, slm, ssk, k to end.
Rnds 2 to 4: k to m, slm, work next row of pattern stitch to m, slm, k to end.
Repeat above four rnds two more times.

●かかと（往復編み）

準備段（表面）：⟨N1⟩ねじり増し目1、裏目1、(表目のねじり目1、裏目1) を2回、【裏目1、(表目のねじり目1、裏目1) を4回】、【～】をもう1回、(裏目1、表目のねじり目1) を2回、⟨N2⟩の1目めを⟨N1⟩に移して裏目1、ねじり増し目1。
合計30目になる。
⟨N2⟩の26目は休ませておく。
以後、特に指示がない限り、ヒールフラップの裏面の段の1目めは浮き目（糸を手前にしてすべる）、表面の段の1目めはすべり目（糸を後ろ）。
裏面の段：浮き目1、表目は表目、裏目は裏目のねじり目に編む。
表面の段：すべり目1、裏目は裏目、表目は表目のねじり目に編む。
上記の2段をくり返し、合計18段編む。最後は裏面の段で編み終える。

●かかと底（往復編み）

1段め（表面）：すべり目1、表目15、右上2目一度、表目1。編み地を返す。
2段め（裏面）：浮き目1、裏目3、裏目の左上2目一度、裏目1。編み地を返す。
3段め：すべり目1、表目4、右上2目一度、表目1。編み地を返す。
4段め：浮き目1、裏目5、裏目の左上2目一度、裏目1。編み地を返す。
5段め：すべり目1、表目6、右上2目一度、表目1。編み地を返す。
6段め：浮き目1、裏目7、裏目の左上2目一度、裏目1。編み地を返す。
上記の要領で編み続ける。
13段め：すべり目1、表目14、右上2目一度。編み地を返す。
14段め：浮き目1、裏目14、裏目の左上2目一度。編み地を返す。残り16目になる。

●まち

表面から輪編みを再開する。
すべり目1、表目7、BORにpm、表目8、ヒールフラップの端から拾い目を表目で9目、pm、裏目で1目。⟨N2⟩は模様編みの5段めの2目めから編む。
ヒールフラップの反対側の端から、拾い目を裏目で1目、pm、表目で9目、最後まで表編み。合計62目になる。
ここから減目段を次のように編む：
1段め（減目段）：最初のmの2目手前まで表編み、左上2目一度、slm、模様編みの次の段を2目めのmまで編み、slm、右上2目一度、最後まで表編み。
2～4段め：mまで表編み、slm、模様編みの次の段をmまで編み、slm、最後まで表編み。
上記の4段をあと2回編む。

● **FOOT**

Continue working even in St st for sole sts and pattern stitch for instep until work measures 5 cm less than desired finished foot size, ending after Rnd 8 or 16 of pattern stitch.
NOTE: finished foot size should be 10% smaller than actual foot size for a nice fit.
Work to BOR m. Remove m, k14, pm. This will be the new BOR.
Be sure that there are 28 sts on each 〈N1〉 (first set of sts) and 〈N2〉 (last set of sts) needle.

● **TOE**

NOTE: If foot size can be made larger by working additional rnds before decreasing.
Rnd 1: 〈N1〉: p1, k until last st, p1. 〈N2〉: knit to end.
Rnd 2 (dec rnd): 〈N1〉, p1, ssk, k until 3 sts rem, k2tog, p1. 〈N2〉, k1, ssk, k until 3 sts rem, k2tog, p1.
Rep above two rnds five more times, then Rnd 2 only for four rnds.
Total 16 sts rem, 8 sts on each needle.
Join these sts together using Kitchener st.
Weave in remaining ends.

●フット

ここからは増減目なしに、足底側はメリヤス編み、甲側は模様編みを続けて編む。
好みのフット長さ−5cm、かつ模様編みの8段または16段めまで編み終える。
※フット長さの仕上がり寸法は実寸より10％程度短めに仕上げると心地よくフィットする
BORmまで編む。mをはずし、表目14、pm。ここが新たなBORとなる。
〈N1〉（前半の目がかかった針）と〈N2〉（後半の目がかかった針）に各28目あることを確認する。

●つま先

※フットサイズを長くしたい場合は下記の減目段を編むまでに段数を多めに編むとよい。
1段め：〈N1〉裏目1、1目残るまで表編み、裏目1。〈N2〉最後まで表編み。
2段め（減目段）：〈N1〉裏目1、右上2目一度、3目残るまで表編み、左上2目一度、裏目1。〈N2〉表目1、右上2目一度、3目残るまで表編み、左上2目一度、裏目1。
上記の2段をあと5回くり返し、2段め（減目段）だけ4回くり返す。
残り16目（各針8目）となる。
残りの目をメリヤスはぎではぎ合わせる。最後に糸始末をする。

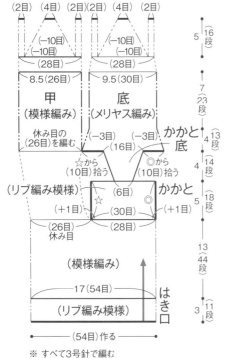

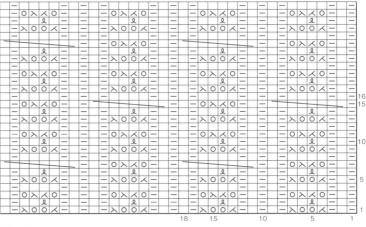

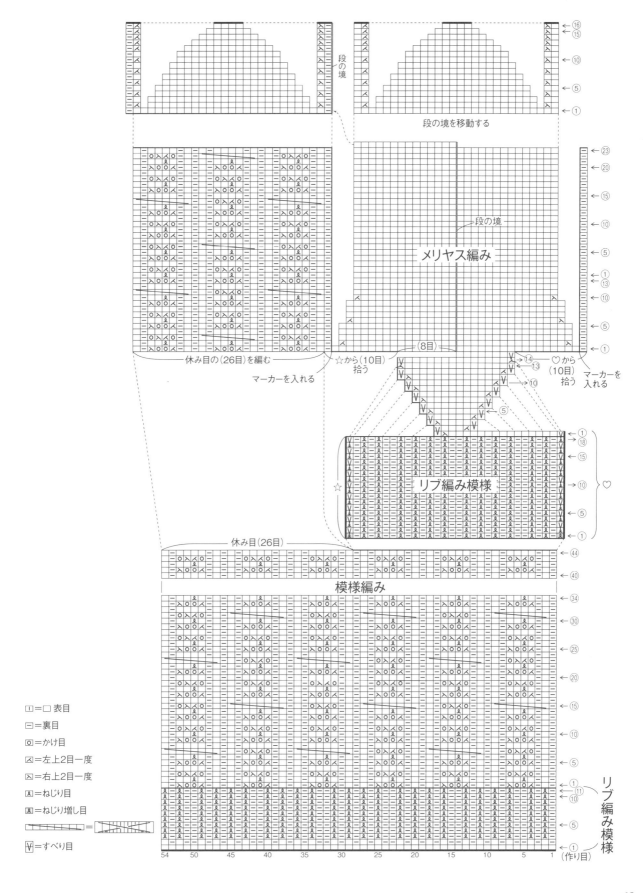

p.14 Good-night Socks グッドナイトソックス

▶ Yarn
ISAGER Sock Yarn camel (Col. 7) 60g

▶ Needles
2.7mm (JP #2) and 3.0mm (JP #3) 80 cm circular needles

▶ Notions
Stitch marker

▶ Gauge
30 sts, 39 rnds = 10cm x 10cm in Stockinette Stitch
32 sts, 25.5 rnds = 10cm x 10cm in Pattern Stitch
Both using 2.7mm needles

▶ Finished measurements
Foot circumference: 19 cm, Foot length: 21 cm, Leg length: 18.5 cm

This sock is worked from the toe upwards beginning with a Moccasin Toe and a Gusset Heel.
The softness of the yarn and the pattern for the cuffs fits well with the loose-fitting socks.

▶ Pattern Stitch
・Fan and feather Pattern Stitch (work with a multiple of 14 sts)
Rnd 1: *k4tog, yo, [k1, yo] five times, k4tog tbl, p1; rep from * to end.
Rnd 2: (k13, p1) to end.
Repeat Rnds 1 & 2

▶ INSTRUCTIONS
With smaller (2.7mm) needle, CO 20 sts using the Judy's CO method. (10 sts on each needle)
The following instructions assumes working Magic-loop style.
Set-up rnd: 〈N1〉: *k1, pm, k to last st, pm, k1. Rep from * for 〈N2〉.
Rnd 1 (Inc rnd): 〈N1〉: *k1, M1R, slm, k to m, slm, M1L, k1. Rep from * for 〈N2〉.
Rnd 2: knit to end.
Rnd 3: (Inc rnd): 〈N1〉 &〈N2〉: k to m, M1R, slm, k to m, slm, M1L, k to end.
Repeat Rnds 2 and 3 until there are 28 sts on each 〈N1〉 and 〈N2〉.
k14 on 〈N1〉. PM. This will be the new BOR.
Rearrange sts so that there will be 28 sts on each needle.
Note: 〈N1〉 will be the instep sts and 〈N2〉 will be the sole sts.
Work St st in the round for foot until work is 5 to 6 cm less than desired foot length.

▶ 使用糸
イサガー ソックヤーン キャメル(7) 60g

▶ 使用針
2.7mm (JP2号) と3.0mm (JP3号) 80cm輪針

▶ その他の道具
ステッチマーカー

▶ ゲージ
30目、39段＝メリヤス編みで10cm×10cm
32目、25.5段＝模様編みで10cm×10cm
どちらも2号針を使用

▶ 仕上がり寸法
フット周り：19cm、フット長さ：21cm、レッグ長さ：18.5cm
この靴下はつま先から、モカシントウ、かかとはガセットヒールを編み、はき口に向けて模様編みを編む。糸の柔らかさとはき口の模様編みが相まって、くつろぐ時間にゆったりとはける靴下に仕上がる。

▶ 模様編み
・Fan and feather Pattern Stitch模様編み（14目の倍数）
輪編み
1段め：【左上4目一度、かけ目1、[表目1、かけ目1] を5回くり返し、表目のねじり目のように4目一度、裏目1】、【～】を最後までくり返す。
2段め：(表目13、裏目1) を最後までくり返す。
1・2段めをくり返す。

・「4目一度」の編み方
●左上4目一度：
左針から1目編み、左針に戻し、次の3目を1目ずつ編んだ目にかぶせる。最後に右針に戻す。
●表目のねじり目のように4目一度：
左針の次の3目を1目ずつ表目を編むように右針に移し、4目めをねじり目のように編む。編んだ目に移しておいた3目を1目ずつかぶせる。

▶ 編み方
2号針を使って、ジュディーズマジックCOの方法で20目作る（各針に10目ずつ）
※前半の編み目を〈N1〉、後半を〈N2〉とする。
準備段：〈N1〉表目1、pm、最後に1目残るまで表編み、pm、表目1。〈N2〉〈N1〉と同様に編む。
1段め（増し目段）：〈N1〉・〈N2〉表目1、右ねじり増し目、slm、mまで表編み、slm、左ねじり増し目、表目1。〈N2〉〈N1〉と同様に編む。
2段め：最後まで表編み。
3段め（増し目段）：〈N1〉 mまで表編み、右ねじり増し目、slm、mまで表編み、slm、左ねじり増し目、最後まで表編み。〈N2〉〈N1〉と同様に編む。
上記の2・3段めをくり返し、各針の目数が28目になるまで編む。
〈N1〉表目14。PM。ここが新しいBORになる。

● GUSSET

Rnd 1 (Inc rnd): ⟨N1⟩: knit, ⟨N2⟩ k1, M1L, k until last st, M1R, k1.
Rnd 2: ⟨N1⟩ & ⟨N2⟩: knit.
Repeat Rnds 1 & 2 until there are 48 sts on ⟨N2⟩. (20 sts inc'd)

● HEEL TURN

⟨N1⟩: k 28.
From hereon, the HEEL TURN will be worked back and forth with the 48 sts on ⟨N2⟩ only.
Leave the sts on ⟨N1⟩ on hold. Work as follows with ⟨N2⟩
Row 1 (RS): k27, ssk, k1. Turn.
Row 2 (WS): sl1 wyif, p7, p2tog, p1. Turn.
Row 3: sl1 wyib, k8, ssk, k1. Turn.
Row 4: sl1 wyif, p9, p2tog, p1. Turn.
Row 5: sl1 wyib, k10, ssk, k1. Turn.
Row 6: sl1 wyif, p11, p2tog, p1. Turn.
Cont in this manner until all sts are worked.
(Last row will be worked on WS: sl1 wyif, p25, p2tog, p1.)
28 sts on ⟨N2⟩.

● LEG

Turn to work on RS.
Yarn over, pm (BORm), knit to last st, ssk (last st and yo made at the beginning of round.)
Resume to work Stockinette st in the round for six rnds.
Cont to work pattern stitch Rnds 1 & 2 seven times, then change to larger (3.0mm) needle and work nine more times or until desired length.
BO purlwise from RS. Be careful not to bind off too tight.

BORに合わせて各針28目ずつになるように編み目を移し直す。
注記：⟨N1⟩が甲側、⟨N2⟩が足底になる。
メリヤス編みを輪に編みながら、「好みの仕上がりフット寸法−（マイナス）5〜6cm」になるまで編む。※サンプルは45段編んでいる。

●まち

1段め（増し目段）：⟨N1⟩表編み。⟨N2⟩表目1、左ねじり増し目、最後に1目残るまで表編み、右ねじり増し目、表目1。
2段め：⟨N1⟩・⟨N2⟩表編み。
上記の2段をくり返し、⟨N2⟩の目数が48目になるまで編む（20目増）。

●かかとの折り返し

⟨N1⟩：表目28。
これ以降は⟨N1⟩の目は休ませて、⟨N2⟩の48目だけで往復編みしながらかかとを編む。
往復編み
1段め（表面）：表目27、右上2目一度、表目1。編み地を返す。
2段め（裏面）：浮き目1、裏目7、裏目の左上2目一度、裏目1。編み地を返す。
3段め：すべり目1、表目8、右上2目一度、表目1。編み地を返す。
4段め：浮き目1、裏目9、裏目の左上2目一度、裏目1。編み地を返す。
5段め：すべり目1、表目10、右上2目一度、表目1。編み地を返す。
6段め：浮き目1、裏目11、裏目の左上2目一度、裏目1。編み地を返す。
上記の要領ですべての目が編めるまで続ける。
（最後の段は裏面で「浮き目1、裏目25、裏目の左上2目一度、裏目1」で編み終える。）
⟨N2⟩は28目になる。

●レッグ

再びメリヤス編みを輪に編む。
編み地を表面に返す。
穴があかないように次の1段を編む。
かけ目、pm（BORm）、最後の目の手前まで表編み、（最後の目と段の最初のかけ目を）右上2目一度にして編む。
メリヤス編みで6段編む。
続けて模様編みを次のように編む：
模様編みの1・2段めを7回編み、3号針に持ち替え9回、または好みの長さになるまで編む。
最後は裏編みをしながら伏せ止めにする。伏せ止めはきつくならないように注意する。

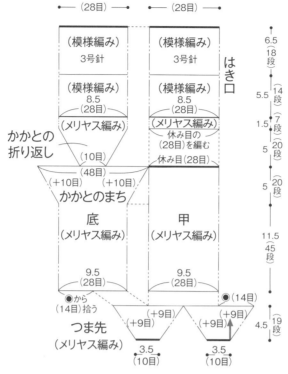

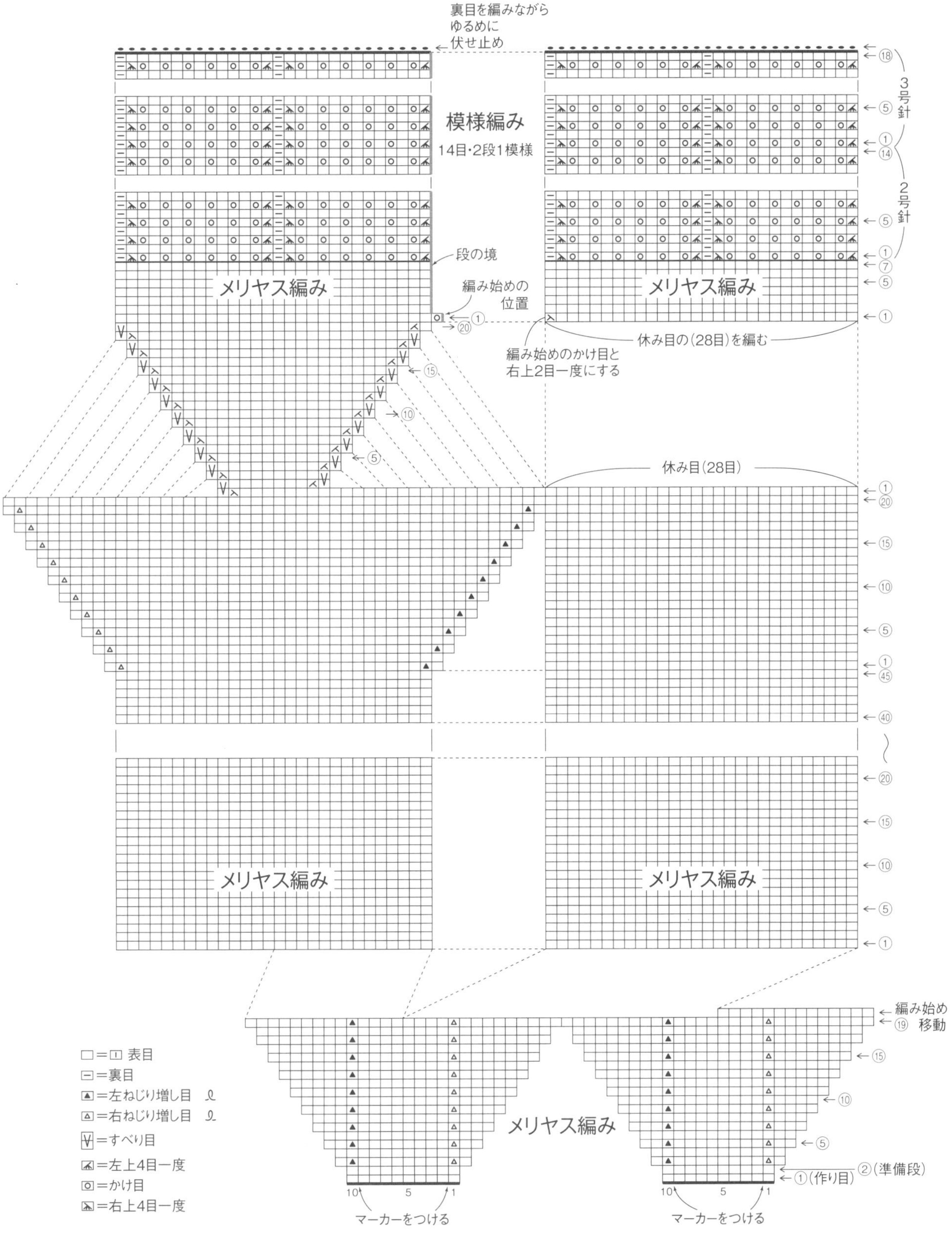

裏目を編みながら
ゆるめに
伏せ止め

模様編み
14目・2段1模様

段の境

編み始めの
位置

メリヤス編み

メリヤス編み

3号針

2号針

編み始めのかけ目と
右上2目一度にする

休み目の(28目)を編む

休み目(28目)

メリヤス編み

メリヤス編み

編み始め
移動

メリヤス編み

マーカーをつける

マーカーをつける

(作り目)
(準備段)

□=表目
−=裏目
▲=左ねじり増し目
△=右ねじり増し目
V=すべり目
=左上4目一度
○=かけ目
=右上4目一度

67

p.16 *Dotted Lines* 点線模様のソックス

▶ **Yarn**
RETROSARIA ROSA POMAR MONDIM
MC: light blue (A569) 40g, CC: red (A586) 35g

▶ **Needles**
2.4mm (JP #1) and 2.7mm (JP #2) 80 cm circular needles

▶ **Notions**   Stitch marker

▶ **Gauge**
30 sts, 42 rnds = 10cm x 10cm in both Pattern Stitch A and B
30 sts, 40 rnds = 10cm x 10cm in Stockinette Stitch

▶ **Finished measurements**
Foot circumference: 20cm, Foot length: 20cm,
Leg length :19cm

These socks are worked from the cuff downward with short-row heels. It features two different pattern stitches placed alternately, but differently for each foot. Can you see the difference?

▶ **Pattern Stitch**

・Pattern A (for both LEG and FOOT)
Rnds 1 and 2: With MC, knit to end.
Rnd 3: With CC: (sl1 wyif, p1) to end.
Rnd 4: With CC: (k1, p1) to end.
Rep Rnds 1 to 4 two more times. Total 12 rnds.

・Pattern B for LEG
Rnds 1 and 2: With MC, knit to end.
Rnd 3: With CC, k2, sl1 wyib, (k3, sl1 wyib) until 1 st rem, k1.
Rnd 4: With CC, p2, sl1 wyib, (p3, sl1 wyib) until 1 st rem, p1.
Rnds 5 and 6: With MC, knit to end.
Rnd 7: With CC, (sl1 wyib, k3) to end.
Rnd 8: With CC, (sl1 wyib, p3) to end.
Work Rnds 1 to 4 once more. Total 12 rnds.

・Pattern B for FOOT
Rnds 1 and 2: With MC, knit to end.
Rnd 3: with CC, (sl1 wyib, k3) until 2 sts rem, sl1 wyib, k1.
Rnd 4: with CC, (sl1 wyib, p3) until 2 sts rem, sl1 wyib, p1.
Rnds 5 and 6: With MC, knit to end.
Rnd 7: with CC, k2, (sl1 wyib, k3) to end.
Rnd 8: with CC, p2, (sl1 wyib, p3) to end.
Work Rnds 1 to 4 once more. Total 12 rnds.

▶ **使用糸**
レトロサリア ロサポマール モンディム
MC：ライトブルー（A569）40g
CC：レッド（A586）35g

▶ **使用針**
2.4mm（JP1号）と2.7mm（JP2号）80cm輪針

▶ **その他の道具**   ステッチマーカー

▶ **ゲージ**
30目、42段＝模様編み縞、メリヤス編み縞で10cm×10cm
30目、40段＝メリヤス編みで10cm×10cm

▶ **仕上がり寸法**
フット周り：20cm、フット長さ：20cm、
レッグ長さ：19cm

この靴下は履き口から下に向かって編み、かかとはショートロウヒールを編む。
模様編みは2通りの模様を交互に、左右互い違いになるように配置している。左右の違いがわかりますか？

▶ **模様編み**

・模様編み縞A（レッグとフット共通）輪編み
1・2段め：MCで、最後まで表編み。
3段め：CCで、最後まで「浮き目1、裏目1」をくり返す。
4段め：CCで、最後まで「表目1、裏目1」をくり返す。
1～4段めをあと2回くり返す。合計12段になる。

・模様編み縞B（レッグ用）輪編み
1・2段め：MCで、最後まで表編み。
3段め：CCで、表目2、すべり目1、最後に1目残るまで「表目3、すべり目1」をくり返し、表目1。
4段め：CCで、裏目2、すべり目1、最後に1目残るまで「裏目3、すべり目1」をくり返し、裏目1。
5・6段め：MCで、最後まで表編み。
7段め：CCで、「すべり目1、表目3」を最後までくり返す。
8段め：CCで、「すべり目1、裏目3」を最後までくり返す。
1～4段めをもう一度編む。合計12段になる。

・模様編み縞B（フット用）輪編み
1・2段め：MCで、最後まで表編み。
3段め：CCで、「すべり目1、表目3」を最後に2目残るまでくり返し、すべり目1、表目1。
4段め：CCで、「すべり目1、裏目3」を最後に2目残るまでくり返し、すべり目1、裏目1。
5・6段め：MCで、最後まで表編み。
7段め：CCで、表目2、「すべり目1、表目3」を最後までくり返す。
8段め：CCで、裏目2、「すべり目1、裏目3」を最後までくり返す。
1～4段めまでをもう一度編む。合計12段になる。

▶ **INSTRUCTIONS**
Right Sock
With smaller needle and CC, CO 60 sts using the German Twisted CO method.
Join to work in the round being careful not to twist the sts.
Work in 1x1 (k1, p1) ribbing for 11 more rnds (total 12 rnds).
Still using CC, switch to larger needle and knit 1 rnd.
Switch to MC and *work Pattern Stitch A (total 12 rnds), then Pattern Stitch B (12 rnds), switching colors as specified every two rnds; rep from * once more.
Set-up for RIGHT HEEL
● **SHORT ROW HEEL**
Short row 1 (RS): Sl1 wyib, k28, w&t.
Short row 2 (WS): p28, w&t.
Short row 3: k27, w&t.
Short row 4: p26, w&t.
Short row 5: k25, w&t.
Short row 6: p24, w&t.
Short row 7: k23, w&t.
Short row 8: p22, w&t.
Short row 9: k21, w&t.
Short row 10: p20, w&t.
Short row 11: k19, w&t.
Short row 12: p18, w&t.
Short row 13: k17, w&t.
Short row 14: p16, w&t.
Short row 15: k15, w&t.
Short row 16: p14, w&t.
Short row 17: k13, w&t.
Short row 18: p12, w&t.
Short row 19: k11, w&t.
Short row 20: p10, w&t.
This will be the tip of heel.
Now work the second half of heel. Be sure to pick up the wrap as you come to them and work them together with the wrapped stitch.
NOTE: there should be two wraps to pick up from Short row 23 onwards.
Short row 21: k11, w&t.
Short row 22: p12, w&t.
Short row 23: k13, w&t.
Short row 24: p14, w&t.
Short row 25: k15, w&t.
Short row 26: p16, w&t.
Short row 27: k17, w&t.
Short row 28: p18, w&t.
Short row 29: k19, w&t.

▶ **編み方**
1号針で、CCでジャーマンツイステッドCOの方法で60目作る。
編み目がねじれないように気をつけながら輪に編めるように整える。
1目ゴム編み（「表目1、裏目1」のくり返し）をあと11段編む（合計12段）。
右くつ下
引き続きCCで、2号針に持ち替え、1段表編みを輪に編む。
MCに持ち替え、2段ごとに色替えをしながら【模様編み縞A（合計12段）、次に模様編み縞B（12段）を編む】、【～】をもう一度編む。
かかと（右）の準備
● **引き返し編みのかかと**
引き返し編み1段め（表面）：すべり目1、表目28、w&t。
引き返し編み2段め（裏面）：裏目28、w&t。
引き返し編み3段め：表目27、w&t。
引き返し編み4段め：裏目26、w&t。
引き返し編み5段め：表目25、w&t。
引き返し編み6段め：裏目24、w&t。
引き返し編み7段め：表目23、w&t。
引き返し編み8段め：裏目22、w&t。
引き返し編み9段め：表目21、w&t。
引き返し編み10段め：裏目20、w&t。
引き返し編み11段め：表目19、w&t。
引き返し編み12段め：裏目18、w&t。
引き返し編み13段め：表目17、w&t。
引き返し編み14段め：裏目16、w&t。
引き返し編み15段め：表目15、w&t。
引き返し編み16段め：裏目14、w&t。
引き返し編み17段め：表目13、w&t。
引き返し編み18段め：裏目12、w&t。
引き返し編み19段め：表目11、w&t。
引き返し編み20段め：裏目10、w&t。
この段がかかととの「先」になる。ここからはかかとの後半部分を編む。ラップの目をラップした目と2目一度のように編むこと（段消し）を忘れずに！
※「引き返し編み23段め」からはラップを2本拾って本来の目と3目一度のように編むことになる。
引き返し編み21段め：表目11、w&t。
引き返し編み22段め：裏目12、w&t。
引き返し編み23段め：表目13、w&t。
引き返し編み24段め：裏目14、w&t。
引き返し編み25段め：表目15、w&t。
引き返し編み26段め：裏目16、w&t。
引き返し編み27段め：表目17、w&t。
引き返し編み28段め：裏目18、w&t。

Short row 30: p20, w&t.
Short row 31: k21, w&t.
Short row 32: p22, w&t.
Short row 33: k23, w&t.
Short row 34: p24, w&t.
Short row 35: k25, w&t.
Short row 36: p26, w&t.
Short row 37: k27, w&t.
Short row 38: p28, w&t.
From hereon, resume working in the rnd for foot.
RIGHT FOOT
Work ⟨N1⟩ in Stockinette st and ⟨N2⟩ in pattern st as follows:
Rnds 1 & 2: With MC, ⟨N1⟩: knit, (while picking up wrapped sts during the first rnd). ⟨N2⟩: Work Pattern A (beginning with Rnd 1 for the first rnd.)
Rnds 3 & 4: With CC, ⟨N1⟩: knit. ⟨N2⟩: Work Pattern st A.
Rnds 5 to 12: Rep above 4 rnds two more times.
Rnds 13 to 24: Continue switching colors every two rows, knit sts on ⟨N1⟩ and working Pattern B for FOOT on ⟨N2⟩.
Repeat above 24 rnds once more. Break CC.

● **TOE (for both right and left)**
Work with MC only. Work the following instruction for each ⟨N1⟩ and ⟨N2⟩.
Rnd 1: knit.
Rnd 2 (dec rnd): k1, ssk, knit until 3 sts rem, k2tog, k1.
Rep above two rnds five more times, then work Rnd 2 only for three times.
24 sts rem (12 sts on each needle).
Graft sts from both needles using Kitchener st.
Weave in remaining ends.

Left Sock
With smaller needle and CC, CO 60 sts using the German Twisted CO method.
Join to work in the round being careful not to twist the sts.
Work in 1x1 (k1, p1) ribbing for 11 more rnds (total 12 rnds).
Still using CC, switch to larger needle and knit 1 rnd.
Switch to MC and *work Pattern B from Rnd 5 (total 12 rnds), then Pattern Stitch A (12 rnds), switching colors as specified every two rnds; rep from * once more.
Set-up for left HEEL
LEFT FOOT
After working the HEEL, resume working in the rnd. Working ⟨N1⟩ in pattern st and ⟨N2⟩ in Stockinette st as follows:
Rnd 1: Work ⟨N2⟩ with MC.
Rnd 2: With MC, ⟨N1⟩: Work Pattern B for FOOT from Rnd 6. ⟨N2⟩: knit.

引き返し編み29段め:表目19、w&t。
引き返し編み30段め:裏目20、w&t。
引き返し編み31段め:表目21、w&t。
引き返し編み32段め:裏目22、w&t。
引き返し編み33段め:表目23、w&t。
引き返し編み34段め:裏目24、w&t。
引き返し編み35段め:表目25、w&t。
引き返し編み36段め:裏目26、w&t。
引き返し編み37段め:表目27、w&t。
引き返し編み38段め:裏目28、w&t。
「右足」または「左足」へ。

右足
次のように⟨N1⟩はメリヤス編み、⟨N2⟩は模様編みにする。
1・2段め:MCで、⟨N1⟩は表編み、⟨N2⟩は模様編み縞A。
1段め:MC⟨N1⟩は段消しをしながら表編み、⟨N2⟩は模様編み縞Aの1段めから編み始める。
2段め:⟨N1⟩は表編み、⟨N2⟩は模様編みA2段め。
3・4段め:CCで、⟨N1⟩は表編み、⟨N2⟩は模様編みA。
5～12段め:上記の4段をあと2回編む。
13～24段め:2段ごとに色替えをしながら、⟨N1⟩は表編み、⟨N2⟩は模様編みB(フット用)。
上記の24段をもう一度編む。
CCの糸を切る。

●**つま先(左右共通)**
MCだけで、以下の⟨N1⟩⟨N2⟩への指示に従って編む。
1段め:表編み。
2段め(減目段):表目1、右上2目一度、最後に3目残るまで表編み、左上2目一度、表目1。
上記の2段をあと5回編み、続けて2段めだけを3回編む。
残り24目(各針に12目ずつ)になる。
両側の目をメリヤスはぎする。糸始末をする。

左くつ下
はき口のゴム編みは左右共通、ここからの説明は1目ゴム編みを編み終えた次からの説明
引き続きCCで、2号針に持ち替え、1段表編みを輪に編む。MCに持ち替え、2段ごとに色替えをしながら、【模様編み縞Bを5段めから(合計12段編み)、模様編みA(12段)を編む】、【～】をもう一度編む。

かかと(左)の準備～かかと
MCで⟨N1⟩(最初の30目)を表編み。
⟨N2⟩「右くつ下」と同様にラップ&ターンの引き返し編みで「かかと」を編む。

左足
「かかと」を編み終えると輪編みで次のように⟨N1⟩を模様編み、⟨N2⟩をメリヤス編みにする。
1段め:かかとからの続きで⟨N2⟩をMCで表編みにする。
2段め:MCで⟨N1⟩模様編み縞B(フット用)を6段めから編み、⟨N2⟩は表編み。

Rnds 3 & 4: With CC, ⟨N1⟩: Work next rnd of Pattern B for FOOT. ⟨N2⟩: knit.
Rnds 5 to 12: ⟨N1⟩ Cont working the next row for Pattern B for FOOT. ⟨N2⟩: knit.
Rnds 13 to 24: Continue switching colors every two rows. ⟨N1⟩ Begin working Pattern A. and knit sts on ⟨N2⟩.
Repeat above 24 rnds once more. Break CC.
Work TOE as for Right Foot.
Graft sts from both needles using Kitchener st.
Weave in remaining ends.

3・4段め：CCで⟨N1⟩模様編み縞B（フット用）の次段を編み、⟨N2⟩は表編み。
5〜12段め：上記の4段をあと2回編む。
13〜24段め：2段ごとに色替えをしながら、⟨N1⟩は模様編み縞A、⟨N2⟩は表編み。
上記の24段をもう一度編むが、25段め⟨N1⟩は模様編みB（フット用）5段めから編む。
CCの糸を切る。
「つま先」を編み、両方の針の目をメリヤスはぎにして、最後に糸始末をする。

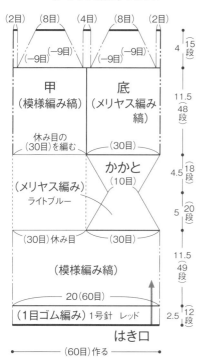

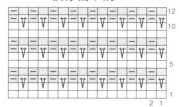
模様編み縞A

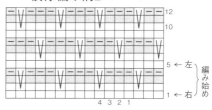
模様編み縞B（レッグ用）

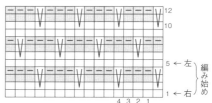
模様編み縞B（フット用）

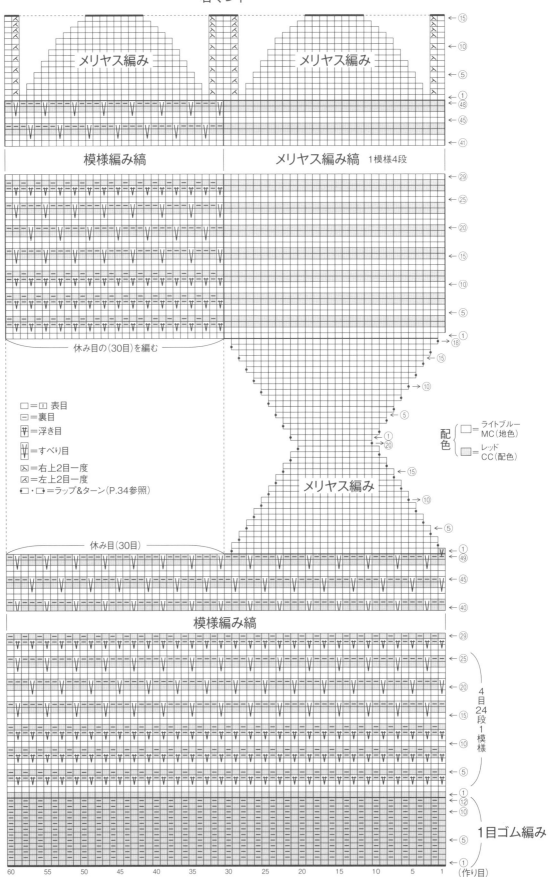

左くつ下

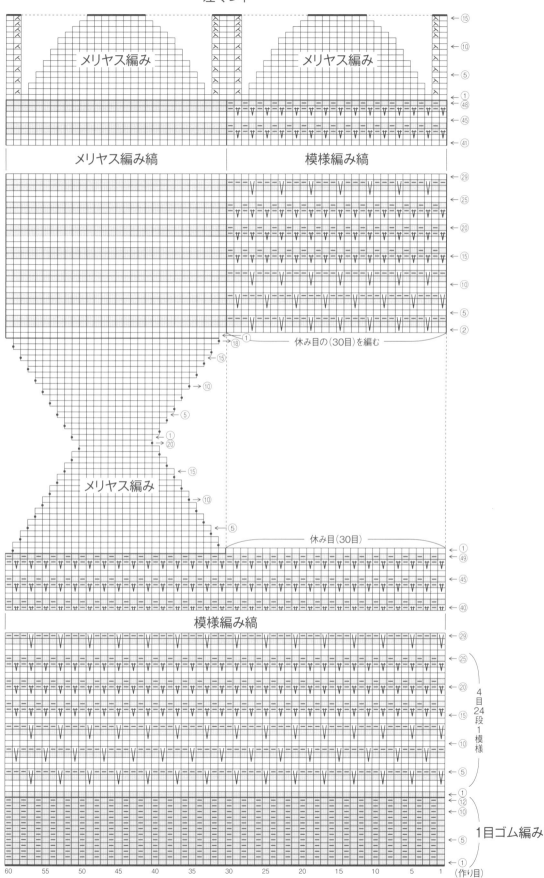

Daisy Chain Socks

▶ Yarn
ISAGER Sock Yarn gray(Col.41) 65g

▶ Needles
2.7mm (JP #2) 80cm circular needles

▶ Notions
Stitch marker

▶ Gauge
30 sts, 39 rnds = 10cm x 10 cm in Stockinette st
30 sts, 34 rows = 10cm x 10 cm in Daisy Chain pattern stitch

▶ Finished measurements
Foot circumference: 20 cm, Foot length: 20.5 cm, Leg length: 13 cm

This sock is worked from the folded cuff with Daisy sts downward with a short row heel and a round toe.

▶ Pattern Stitch
Cluster st: With yarn in front, [sl next st dropping extra yos] 5 times, [bring yarn to back between needles, sl 5 sts back to LH needle, bring yarn to front, sl 5 sts to RH needle] twice.

▶ INSTRUCTIONS
CO 61 sts using the Crocheted Chain CO method.
Row 1 (WS): knit.
Row 2 (RS): k1, *[k1 wrapping yarn 3 times around needle] 5 times, k1; rep from * to end.
Row 3: k1, *work Cluster st with the next 5 sts, k1; rep from * to end.
Rows 4 to 6: knit to end.
Row 7: k1, purl to last st, k1.
Row 8: knit to end.
Repeat Rows 1 to 8 once, and then Rows 1 to 5 once more.
Then join to work in the round and decrease 1 st as follows:
Next rnd (RS): sl1, k to last st, slip first slipped st to LH needle and ssk these 2 sts together. PM for BOR.
Cont to work in the round in St st (knit every rnd) for seven more rounds.
Then turn the work inside out, so that the WS of work will be facing.
NOTE: From hereon, this will be the RS of the sock.
Next rnd: yo, pm for BOR, rep (p1, k1) to end of rnd, but work the last st together with the yo made at the beginning of rnd. This row will become the fold.
Begin working twisted ribbing as follows:
NOTE: k1 tbl will be worked over the purl st of the prev row and purl over the knit st.
Next rnd: (k1 tbl, p1) to end.
Rep above rnd until twisted ribbing section measures 8 cm (33 rnds), ending at BOR.

▶ 使用糸
イサガー ソックヤーン グレー（41）65g

▶ 使用針
2.7mm (JP2号) 80cm 輪針

▶ その他の道具
ステッチマーカー

▶ ゲージ
30目、39段＝メリヤス編みで10cm×10cm
30目、34段＝模様編みで10cm×10cm

▶ 仕上がり寸法
フット周り：20cm、フット長さ：20.5cm、レッグ長さ：13cm

この靴下はカフの折り返し部分にデイジーステッチを編みながら、つま先に向けて編む。かかとはショートロウヒール、つま先はラウンドトウを編む。

▶ 模様編み
・**Cluster st（クラスターステッチ）**：糸を編み地の手前において、[次の目に巻いた糸（前段のドライブ編み）をほどきながら右針に移す]こと5回、[糸を編み地の後ろに移して（右針の）5目を左針に戻し、糸を編み地の手前に移して（左針から）5目を右針に移す]こと2回。

補足：「糸を巻きつけるノット」をなわ編み針などの別針を使用せずに編める。糸を巻きつけるときの引き加減はお好みで。個人的には引き過ぎずに少しフワッとさせておく感じがよい。
5目の間に隙間ができない程度に寄せて（幅約7〜8mm）巻くことをおすすめする。

▶ 編み方
共鎖の作り目（かぎ針で鎖目を棒針に編みつける方法）で61目作る。
1段め（裏面）：表編み。
2段め（表面）：表目1、【表目を編みながら針先に糸を3回巻きつける（3回巻きのドライブ編み）を5回、表目1】、【〜】を最後までくり返す。
3段め：表目1、【次の5目でクラスターステッチ、表目1】、【〜】を最後までくり返す。
4〜6段め：表編み。
7段め：表目1、最後に1目残るまで裏編み、表目1。
8段め：表編み。
1〜8段めをもう一度編み、1〜5段めまでさらにもう一度編む。
次に輪に編めるようにつなげながら1目減目する：
次段（表面）：すべり目1、最後に1目残るまで表編み、段の最初のすべり目を左針に移し、最後の目と右上2目一度に編む。段の始めを示すマーカー（以下BOR m = beginning of round、m = marker）をつける。
続けてメリヤス編み（毎段表編み）を輪に編みながら、あと7段編む。
次に編み地を返し、裏面が表側になるようにする。
※以降、これまでの裏面が靴下の表面になる。

● HEEL

Work short row heel as follows with the first and last 15 sts (total 30 sts) and leave remaining 30 sts on hold for instep:

Short row 1 (RS): remove BORm, k14, w&t.
Short row 2 (WS): p28, w&t.
Short row 3: k27, w&t.
Short row 4: p26, w&t.
Short row 5: k25, w&t.
Short row 6: p24, w&t.
Short row 7: k23, w&t.
Short row 8: p22, w&t.
Short row 9: k21, w&t.
Short row 10: p20, w&t.
Short row 11: k19, w&t.
Short row 12: p18, w&t.
Short row 13: k17, w&t.
Short row 14: p16, w&t.
Short row 15: k15, w&t.
Short row 16: p14, w&t.
Short row 17: k13, w&t.
Short row 18: p12, w&t.
Short row 19: k11, w&t.
Short row 20: p10, w&t.

This will be the tip of heel.

Now work the second half of heel. Be sure to pick up the wrap as you come to them and work them together with the wrapped stitch.

NOTE: there should be two wraps to pick up from Short row 23 onwards.

Short row 21: k11, w&t.
Short row 22: p12, w&t.
Short row 23: k13, w&t.
Short row 24: p14, w&t.
Short row 25: k15, w&t.
Short row 26: p16, w&t.
Short row 27: k17, w&t.
Short row 28: p18, w&t.
Short row 29: k19, w&t.
Short row 30: p20, w&t.
Short row 31: k21, w&t.
Short row 32: p22, w&t.
Short row 33: k23, w&t.
Short row 34: p24, w&t.
Short row 35: k25, w&t.
Short row 36: p26, w&t.
Short row 37: k27, w&t.
Short row 38: p28, w&t.

次段：かけ目をして、段のはじめを示すマーカーをつけ、「裏目1、表目1」を最後までくり返す。
但し、最後の目は段の始めのかけ目と2目一度にして編む。この段が「折り山」になる。
次段からは次のようにねじり1目ゴム編みを編む：
前段のゴム編みの裏目に表目のねじり目、表目に裏目を編むようになる。
次段：表目のねじり目1、裏目1」を最後までくり返す。
上記の手順でねじり1目ゴム編みが8cm（33段）になるまで編む。

●かかと

BORまで編んだところで、BORの前後15目ずつ（合計30目）でショートロウヒールを次のように編む（残りの30目は甲側の目として休ませておく）。

引き返し編み1段め（表面）：BORmをはずす、表目14、w&t。
引き返し編み2段め（裏面）：裏目28、w&t。
引き返し編み3段め：表目27、w&t。
引き返し編み4段め：裏目26、w&t。
引き返し編み5段め：表目25、w&t。
引き返し編み6段め：裏目24、w&t。
引き返し編み7段め：表目23、w&t。
引き返し編み8段め：裏目22、w&t。
引き返し編み9段め：表目21、w&t。
引き返し編み10段め：裏目20、w&t。
引き返し編み11段め：表目19、w&t。
引き返し編み12段め：裏目18、w&t。
引き返し編み13段め：表目17、w&t。
引き返し編み14段め：裏目16、w&t。
引き返し編み15段め：表目15、w&t。
引き返し編み16段め：裏目14、w&t。
引き返し編み17段め：表目13、w&t。
引き返し編み18段め：裏目12、w&t。
引き返し編み19段め：表目11、w&t。
引き返し編み20段め：裏目10、w&t。

この段がかかとの「先」になる。ここからはかかとの後半部分を編む。ラップの目をラップした目と2目一度のように編むこと（段消し）を忘れずに！

※「引き返し編み23段め」からはラップを2本拾って本来の目と3目一度のように編むことになる。

引き返し編み21段め：表目11、w&t。
引き返し編み22段め：裏目12、w&t。
引き返し編み23段め：表目13、w&t。
引き返し編み24段め：裏目14、w&t。
引き返し編み25段め：表目15、w&t。
引き返し編み26段め：裏目16、w&t。
引き返し編み27段め：表目17、w&t。
引き返し編み28段め：裏目18、w&t。

Next rnd : With RS facing, k to end of heel. Pm for BOR and resume working in the round.
Next rnd : knit to end of round.
NOTE: Besure to pick up the remaining wrap when working the first rnd.
Cont working in the round in St st until work measures 3.5 cm less than desired foot length measured from the tip of heel before working the toe.

▶ TOE
Cont working in the round, decreasing 6 sts for every decrease rnd as follows:
Dec Rnd 1: (k8, ssk) to end. (54 sts)
Next rnd : knit.
Dec Rnd 2: (k7, ssk) to end. (48 sts)
Next rnd : knit.
Dec rnd 3: (k6, ssk) to end. (42 sts)
Next rnd : knit.
Dec rnd 4: (k5, ssk) to end. (36 sts)
Next rnd : knit.
Dec rnd 5: (k4, ssk) to end. (30 sts)
Next rnd : knit.
Dec rnd 6: (k3, ssk) to end. (24 sts)
Dec rnd 7: (k2, ssk) to end. (18 sts)
Dec rnd 8: (k1, ssk) to end. (12 sts)
Dec rnd 9: ssk to end. (6 sts)
Break yarn leaving a tail of 15cm.
Thread tail end through yarn needle and draw through remaining sts to close.
Weave in remaining ends. Block lightly.

引き返し編み29段め：表目19、w&t。
引き返し編み30段め：裏目20、w&t。
引き返し編み31段め：表目21、w&t。
引き返し編み32段め：裏目22、w&t。
引き返し編み33段め：表目23、w&t。
引き返し編み34段め：裏目24、w&t。
引き返し編み35段め：表目25、w&t。
引き返し編み36段め：裏目26、w&t。
引き返し編み37段め：表目27、w&t。
引き返し編み38段め：裏目28、w&t。
次段：表面からかかとの最後まで表編みし、マーカーをつける。ここが新しいBORとなり、輪編みを再開する。
次段：表編み。
※上記の段を編みながら、残っているラップを拾って編む（段消し）。
続けてメリヤス編みを輪に編みながら、かかと先からの長さが「仕上がりフット長さ－3.5cm」になるまで編む。次につま先を編む。
※「仕上がりフット長さ」は実際の足サイズより小さめ（1割減）が目安。

●つま先
引き続き輪に編みながら「減目段」では6目ずつ減目しながら次のように編む：
減目段1：「表目8、右上2目一度」を最後までくり返す。（54目になる）
次段：表編み。
減目段2：「表目7、右上2目一度」を最後までくり返す。（48目になる）
次段：表編み。
減目段3：「表目6、右上2目一度」を最後までくり返す。（42目になる）
次段：表編み。
減目段4：「表目5、右上2目一度」を最後までくり返す。（36目になる）
次段：表編み。
減目段5：「表目4、右上2目一度」を最後までくり返す。（30目になる）
次段：表編み。
減目段6：「表目3、右上2目一度」を最後までくり返す。（24目になる）
減目段7：「表目2、右上2目一度」を最後までくり返す。（18目になる）
減目段8：「表目1、右上2目一度」を最後までくり返す。（12目になる）
減目段9：右上2目一度を最後までくり返す。（6目になる）
糸端を約15㎝残して糸を切る。
とじ針に糸端を通し、残りの目に通して、しっかり引き締めて閉じる（絞り止めにする）。
糸始末をして、カフの風合いを損なわないように軽くブロッキングする。

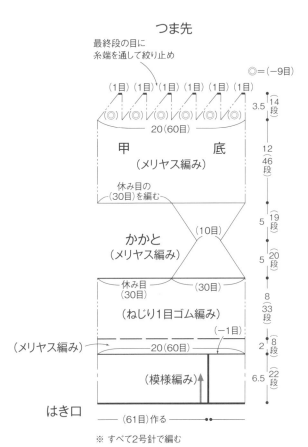

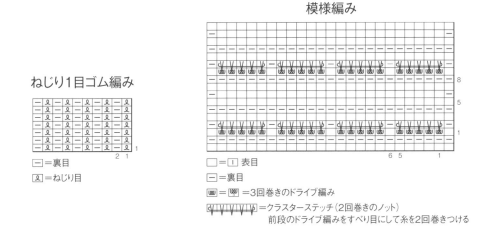

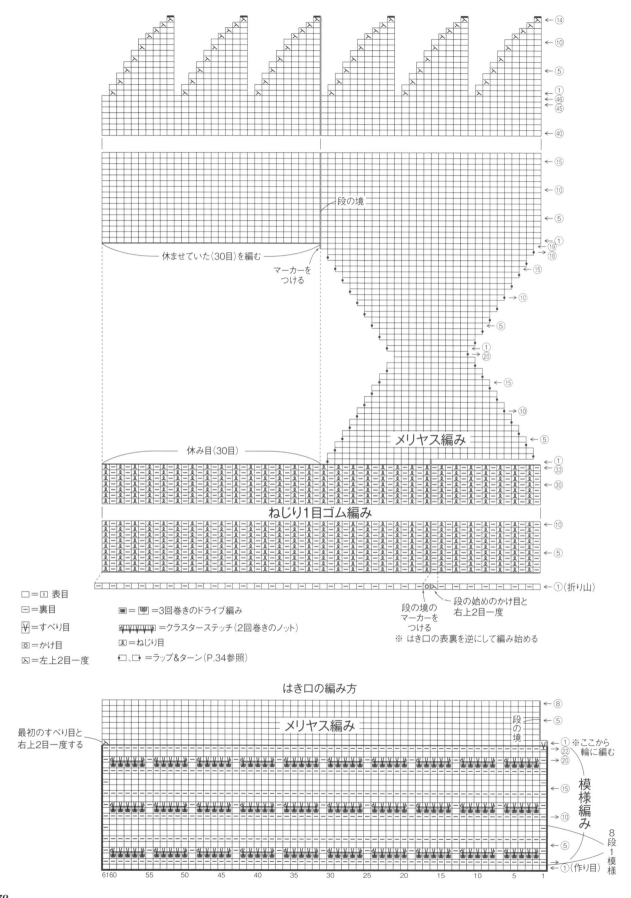

Bicolor Stranded Colorwork Socks バイカラーの編み込み模様ソックス

▶ Yarn
Kid's (Women's, Men's)
DARUMA Superwash Spanish Merino
MC: soda (106) 25g (bark (105) 45g, dark navy (107) 55g)
CC: custard (102) 15g (neon peach (103) 25g, lapis lazuli (109) 35g)

▶ Needles
2.4mm (JP #1) and 2.7mm (JP #2) 80cm circular needles

▶ Notions   Stitch marker

▶ Gauge
36 sts, 45 rnds = 10cm x 10 cm in Stockinette st
32 sts, 44.5 rnds = 10cm x 10 cm in Pattern Stitch A & B
32 sts, 41.5 rnds = 10cm x 10 cm in Pattern Stitch C

▶ Finished measurements
Kid's (Women's, Men's)
Foot circumference : 18 cm (20 cm, 22 cm)
Foot length : 12.5 cm (21.5 cm, 24.5 cm)
Leg length : 14 cm (20.5 cm, 24.5 cm)

These socks are worked from the cuff downwards to toe, and the heel worked later as an Afterthought Heel.

▶ INSTRUCTIONS
Note that the measurements and numbers for each size are indicated in the following order: Kid's (Women's, Men's)

● CUFF
With smaller needle and MC, CO 56 (64, 72) sts using the German Twisted CO method.
Work in 2x2 ribbing for 1.5 (2.5, 3.5) cm / 8 (12,16) rnds.
Switch to larger needle and work pattern stitch using the stranded colorwork technique according to chart.
Total 40 (62, 72) rows.

● PREPARE FOR HEEL
NOTE: The first half of the sts will be called ⟨N1⟩ and the latter half ⟨N2⟩. With waste yarn, knit sts on ⟨N1⟩. Return these sts back to LH needle.

● FOOT
With working yarn, cont working the 16-rnd repeat of pattern stitch 1.5 (3.5, 4) times or for 24 (56, 64) rnds.

● TOE
With smaller needle and MC, work toe as follows:
Rnd 1: knit.
Rnd 2: ⟨N1⟩ *k1, ssk, k until 3 sts rem , k2tog, k1; ⟨N2⟩ repeat from * .
Repeat above 2 rnds five (six, eight) more times.
Then repeat only Rnd 2 three (four, three) times.
10 (10, 12) sts remain.
Join remaining sts using Kitchener st.

▶ 使用糸
キッズ（レディース、メンズ）
DARUMA スーパーウォッシュ スパニッシュ メリノ
MC：ソーダ(106) 25ｇ (バーク(105) 45g、ダークネイビー(107) 55ｇ)
CC：カスタード(102) 15ｇ (ネオンピーチ(103) 25g、ラピスラズリ(109) 35ｇ)

▶ 使用針
2.4mm (JP1号) と 2.7mm (JP2号) 80cm輪針

▶ その他の道具   ステッチマーカー

▶ ゲージ
36目、45段＝メリヤス編みで10cm×10cm
32目、44.5段＝編み込み模様A、Bで10cm×10cm
32目、41.5段＝編み込み模様Cで10cm×10cm

▶ 仕上がり寸法
キッズ（レディース、メンズ）
フット周り：18cm（20cm、22cm）
フット長さ：12.5cm（21.5cm、24.5cm）
レッグ長さ：14cm（20.5cm、24.5cm）

このソックスははき口から下に向けて編み、かかとは後づけにする。

▶ 編み方
注記：目数などの数字は「キッズ（レディース、メンズ）」の順で記載している。

● はき口
1号針とMCでジャーマンツイステッドCOの方法で56 (64、72) 目作る。
2目ゴム編みを8 (12、16) 段または1.5 (2.5、3.5) cm編む。
2号針に持ち替え、2色の編み込み模様を添付の記号図の通りに編む。
合計40 (62、72) 段。

● かかとの準備
※前半の目を⟨N1⟩、後半の目を⟨N2⟩と呼ぶ。
右足：別糸で⟨N1⟩だけ表編み、編んだ目を左針に戻し、⟨N1⟩からフットを編む。
左足：⟨N1⟩はフットの1段めを編み、⟨N2⟩は別糸に持ち替えて最後まで表編み。別糸で編んだ目を左針に戻し、編み糸でフットの1段めの続きを編む。

● フット
編み込み模様の1模様16段の模様をつま先まで1.5 (3.5、4) 模様または、24 (56、64) 段編む。

● つま先
1号針に持ち替え、MCで次のように編む：
1段め：表編み。
2段め：⟨N1⟩ 表目1、右上2目一度、最後に3目残るまで表編み、左上2目一度、表目1。⟨N2⟩は⟨N1⟩と同様に編む。

●HEEL
Remove waste yarn and slip live sts onto smaller needle.
Then work heel in the same way as for TOE.

1,2段めをあと5(6、8)回くり返し、2段めだけ3(4、3)回編む。
各針10(10、12)目ずつ残る。残った目をメリヤスはぎにして合わせる。

●かかと
別糸を取り除き、編み目を1号針に移し、つま先と同じの要領で編む。

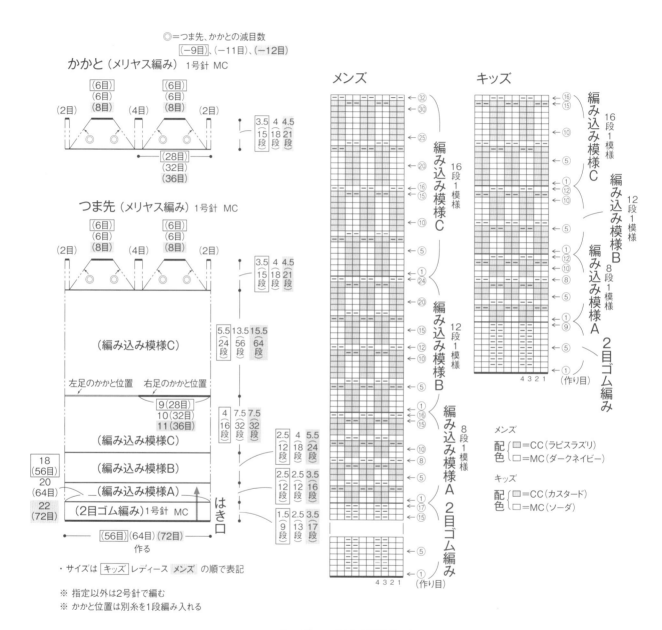

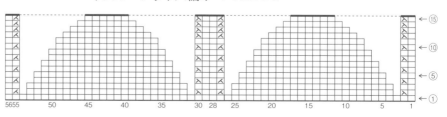

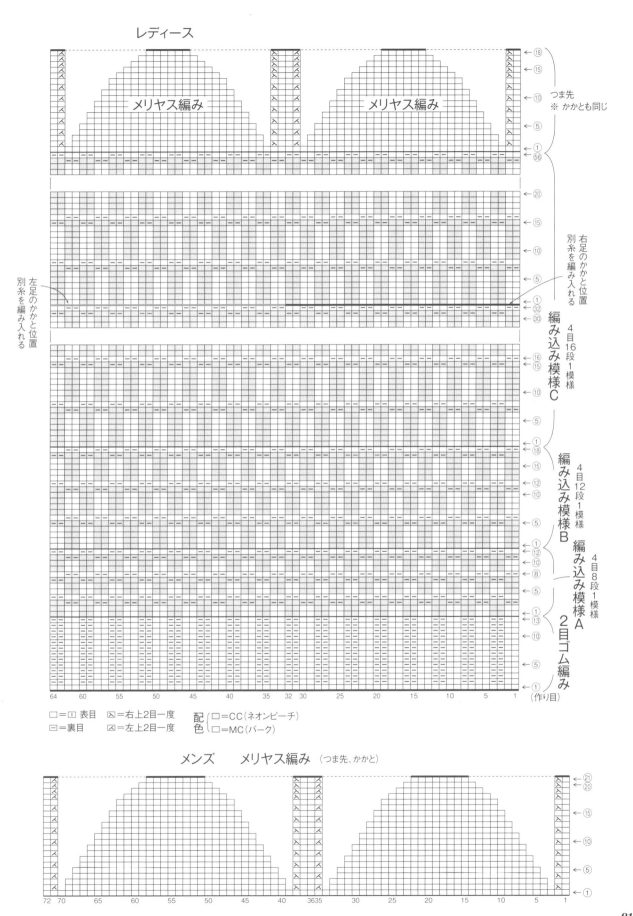

p.22 Going-up & Going-down アップ＆ダウンの靴下

▶ Yarn
MC: Keito URURI charcoal (07) 45g, CC: Hedgehog Fibres Skinny Singles (Birthday Cake) 20g

▶ Needles
JP #2 (2.7mm) and JP#1 80cm circular needles

▶ Notions
Stitch marker

▶ Gauge
31 sts, 44 rnds = 10cm x 10cm in Stockinette Stitch
31 sts, 57.5 rnds = 10cm x 10cm in Pattern Stitch
Both using 2.7mm needles

▶ Finished measurements
Foot circumference: 18cm, Foot length 20cm,
Leg length 16 cm

This sock is worked from a provisional cast on and worked bottom up from heel to cuffs.Then the provisional cast on will be removed to work downwards to toe.
This will allow the pattern stitch orientation to be worked in both directions.
NOTE: These socks assume working in Magic-loop style.

▶ Pattern Stitch
Slip Stitch Pattern (multiple of 7 sts)
Rnds 1 to 4: with CC, *k1, sl1 purlwise wyib, k4, sl1 purlwise wyib; rep from * to end.
Rnd 5: with CC, *k1, Cable 3 Left (slip the slipped st onto cn and hold in front, k2 from LH needle and k1 from cn), Cable 3 Right (slip 2 sts onto cn and hold to back, k1 from LH needle and k2 from cn)*, rep from * to end.
Rnd 6: with CC, knit to end.
Rnds 7 to 10: with MC, work as for Rnds 1 to 4.
Rnd 11: with MC, work as for Rnd 5.
Rnd 12: with MC, knit to end.
Repeat Rnds 1 to 12 for pattern.

▶ INSTRUCTIONS
With MC and using the Turkish CO method using both circular needles with the larger needle as the TOP needle, wrap yarn around both needles 56 times. 56 sts on each needle.
Leave the stitches on hold on the BOTTOM (or smaller) needle or slip them on to waste yarn or holder. With the TOP needle, work in magic-loop method as usual.
Knit in the round for 3 cm or 12 rnds from CO.
Then work gusset heel as follows:

● GUSSET
Rnd 1 (inc rnd): ⟨N1⟩: knit, ⟨N2⟩: k1, M1L, k until last st, M1R, k1.
Rnd 2: ⟨N1⟩ & ⟨N2⟩: knit.
Repeat Rnds 1 & 2 until there are 48 sts on ⟨N2⟩. (20 sts inc'd)

▶ 使用糸
MC：Keito うるり　チャコール(07) 45g、
CC：ヘッジホッグファイバー スキニーシングル 紫系 (Birthday Cake) 20g

▶ 使用針
2.7mm（JP2号）と2.4mm（JP1号）（作り目に使用する）80cm輪針

▶ その他の道具　ステッチマーカー

▶ ゲージ
31目、44段＝メリヤス編みで10cm×10cm
31目、57.5段＝模様編み縞で10cm×10cm
どちらも2号針を使用

▶ 仕上がり寸法
フット周り：18cm、フット長さ：20cm、レッグ長さ：16cm
この靴下は「あとから解けるタイプの作り目で編み始め、先にかかとからはき口に向けて編む。
その後、作り目から目を拾い、つま先まで編む。この方法で模様を両方向に編み進める。
※パターンはマジックループ式で編む前提で記載しています。

▶ 模様編み
・Slip Stitch Pattern（すべり目模様、7目の倍数）
1～4段め：CCで、【表目1、すべり目1、表目4、すべり目1】、【～】を最後までくり返す。
5段め：CCで、【表目1、Cable 3 Left（前段までのすべり目をなわ編み針に移して編み地の手前におき、左針から表目2、なわ編み針から表目1）、Cable 3 Right（左針から2目をなわ編み針に移して編み地の後ろにおき、左針から表目1、なわ編み針から表目2）】、【～】を最後までくり返す。
6段め：CCで、最後まで表編み。
7～10段め：MCで、1～4段めと同様に編む。
11段め：MCで、5段めと同様に編む。
12段め：MCで、最後まで表編み。
1～12段めをくり返す。

▶ 編み方
輪針2本（2号針と1号針）とMCの糸でターキッシュCOの方法で2号針が上になるように輪針2本を左手に持ち、56回巻く。各針56目ずつできる。
下の針（1号針）の目は針にのせたまま、または別糸に移して休ませておく。（P.31参照）
2号針の56目で通常のマジックループ式に編む。
作り目から3cmまたは12段編む。次にかかとまちを編む。

●まち
1段め（増し目段）：⟨N1⟩表編み。⟨N2⟩表目1、左ねじり増し目、最後に1目残るまで表編み、右ねじり増し目、表目1。
2段め：⟨N1⟩・⟨N2⟩表編み。
上記の2段をくり返し、⟨N2⟩の目数が48目になるまで編みます（20目増）。

● HEEL TURN
⟨N1⟩: k 28.
From hereon, the HEEL TURN will be worked back and forth with the 48 sts on ⟨N2⟩ only.
Leave the sts on ⟨N1⟩ on hold. With ⟨N2⟩:
Row 1 (RS): k27, ssk, k1. Turn.
Row 2 (WS): sl1 wyif, p7, p2tog, p1. Turn.
Row 3: sl1 wyib, k8, ssk, k1. Turn.
Row 4: sl1 wyif, p9, p2tog, p1. Turn.
Row 5: sl1 wyib, k10, ssk, k1. Turn.
Row 6: sl1 wyif, p11, p2tog, p1. Turn.
Cont in this manner until all sts are worked.
(Last row will be worked on WS: sl1 wyif, p25, p2tog, p1.)
28 sts on ⟨N2⟩.

● LEG
Resume to work in the round.
Turn to work on RS.
Yarn over, pm (BORm), knit to last st, ssk (last st and yo made at the beginning of round.)
Switch to CC and work Slip Stitch Pattern from Rnds 1 to 12 four times.

RIBBING
With MC, knit 2 rnds.
Ribbing rnd: *(p1, k1) twice, k1, p1, k1; rep from * to end of rnd.
Work Ribbing rnd for 2.5 cm or 10 rnds. BO in pattern.

● FOOT
Slip live sts on the opposite side of CO on to working needle (if necessary), knit 1 rnd with MC.
Then, work Slip Stitch Pattern from Rnds 1 to 12 four times as for leg.

● TOE
Rnd 1: knit.
Rnd 2: ⟨N1⟩ : *k1, ssk, k to 3 sts before m, k2tog, k1; ⟨N2⟩ : repeat from *.
Repeat above 2 rnds five more times, then repeat only Rnd 2 two times.
Join sts on both needles using Kitchener stitch.

●かかとの折り返し
⟨N1⟩ 表目28。これ以降、⟨N1⟩の目は休ませ、⟨N2⟩の48目だけで往復編みしながら編む。
1段め(表面)：表目27、右上2目一度、表目1。編み地を返す。
2段め(裏面)：浮き目1、裏目7、裏目の左上2目一度、裏目1。編み地を返す。
3段め：すべり目1、表目8、右上2目一度、表目1。編み地を返す。
4段め：浮き目1、裏目9、裏目の左上2目一度、裏目1。編み地を返す。
5段め：すべり目1、表目10、右上2目一度、表目1。編み地を返す。
6段め：浮き目1、裏目11、裏目の左上2目一度、裏目1。編み地を返す。
上記の要領ですべての目が編めるまで続ける。
(最後の段は裏面で「浮き目1、裏目25、裏目の左上2目一度、裏目1」で編み終える。) ⟨N2⟩は28目になる。

●レッグ
再び輪に編む。
編み地を表面に返す。(穴があかないように次の1段を編む。)
かけ目、pm (BORm)、最後の目の手前まで表編み、(最後の目と段の最初のかけ目を)右上2目一度にして編む。
CCに持ち替え、模様編みの1〜12段めを4回編む。

リブ編み
MCで表編みを2段編み、次のリブ編みを2.5cmまたは、10段編む。
リブ編み：【(裏目1、表目1)を2回編み、表目1、裏目1、表目1】、【〜】を最後までくり返す。
最後は模様を編みながら伏せ止めにする。

●フット
作り目の反対側の目を2号針に移し、準備段としてMCで表編みで1段編む。
次にレッグと同様に模様編み(1模様12段)を4回編む。

●つま先
1段め：表編み。
2段め：⟨N1⟩ 表目1、右上2目一度、3目残るまで表編み、左上2目一度、表目1。
⟨N2⟩ : ⟨N1⟩と同様に編む。
上記の2段をあと5回、そして2段めだけを2回編む。各針12目、合計24目になる。
つま先をメリヤスはぎで合わせる。

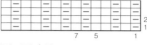
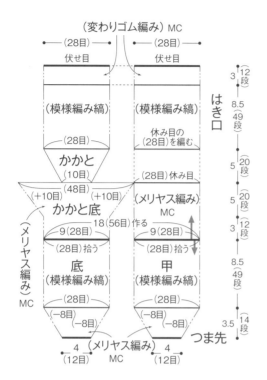
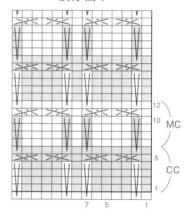
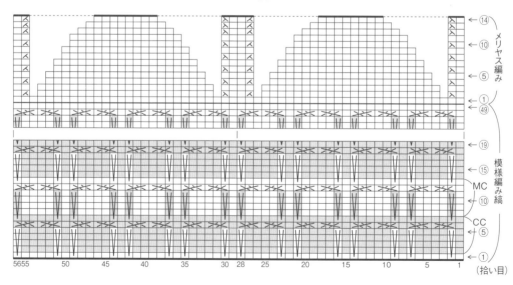

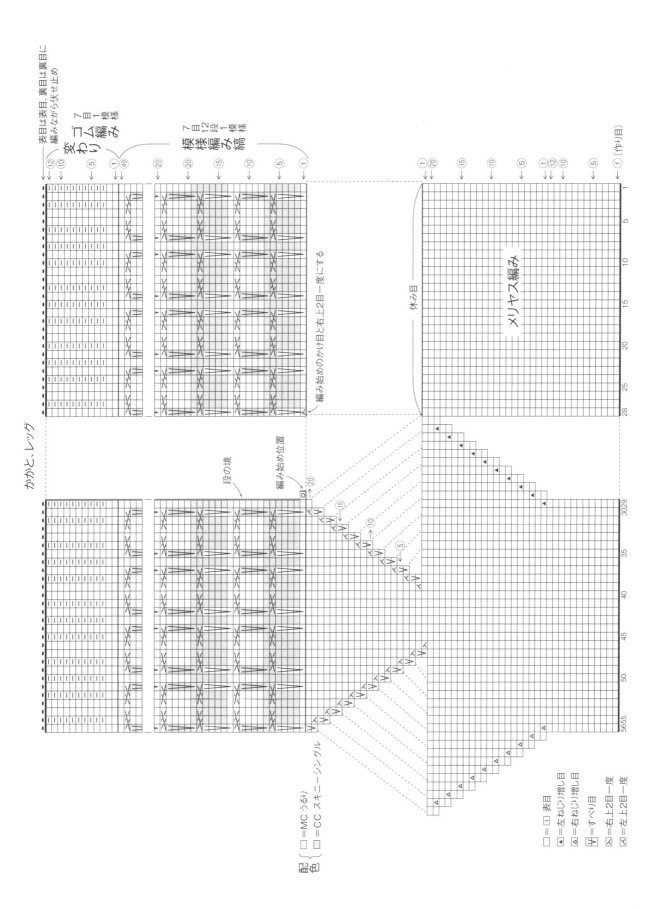

Basic Technique Guide

作り目

スリップノット

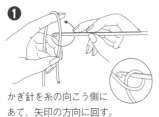
❶ かぎ針を糸の向こう側にあて、矢印の方向に回す。

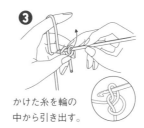
❷ 親指と中指で押さえる
交差したところを指で押さえ、かぎ針に糸をかける。

❸ かけた糸を輪の中から引き出す。

❹ 糸端を引いて輪を引き締める。これをスリップノットとよぶ。

指でかける作り目　一般的な作り目。伸縮性があり、薄くできるので、そのまま端として使える。

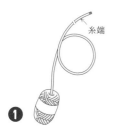
❶ 糸端は、編む幅の約3倍をとる。

❷ 輪を作り、左手で交点を押さえる。

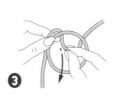
❸ 輪の中から糸端を引き出す。

❹ 引き出した糸で、小さい輪を作る。

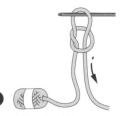
❺ 小さい輪の中に棒針を入れ、両方の糸を引いて輪を縮める。

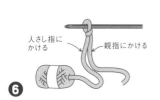
❻ 1目できた。短い糸を親指に、長い糸を人さし指にかける。

❼ 針先を1,2,3の矢印の順に動かして、棒針に糸をかける。

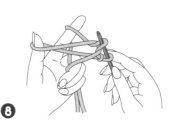
❽ 1,2,3の順に糸をかけたところ。目と目の間は8mmくらいあけながら作り目する。

❾ 親指をいったんはずし、矢印のように親指を入れ直す。

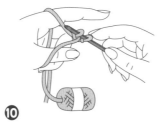
❿ 親指を入れ直して引き締めたところ。2目めができた。

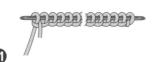
⓫ 必要目数を作る。目と目の間が詰まりすぎないように注意。

86

基本の編み目

 表目

❶ 糸を向こう側に置き、右針を手前から入れる。

❷ 糸をかけて、矢印のように手前に引き出す。

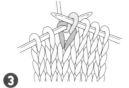
❸ 左針から目をはずす。

❹ 表目が編めた。

 裏目

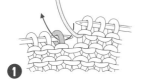
❶ 糸を手前に置き、矢印のように右針を向こう側から入れる。

❷ 糸を手前から向こうにかけて、矢印のように引き出す。

❸ 右針で糸を引き出したら、左針から目をはずす。

❹ 裏目が編めた。

 かけ目

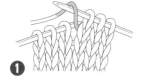
❶ 右針に手前から向こう側に糸をかける。

❷ 次の目を編む。

❸ かけ目ができた。1目増えた。

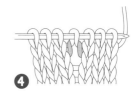
❹ 次の段を編んで表から見たところ。

すべり目
（1段の場合）

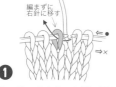
❶ ●の段で糸を向こう側に置き、矢印のように針を入れて、編まずに移す。

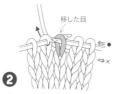
❷ 移した目がすべり目になる。続けて、次の目を編む。

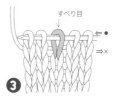
❸ すべり目の部分は渡り糸が向こう側にある。

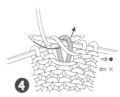
❹ 次の段は記号図通りに編む。

浮き目
（1段の場合）

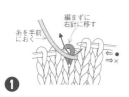
❶ ●の段で糸を手前側に置き、矢印のように針を入れて、編まずに移す。

❷ 移した目が浮き目になる。続けて、次の目を編む。

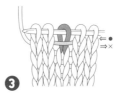
❸ 浮き目の部分は渡り糸が手前側にある。

❹ 次の段は記号図通りに編む。

右上2目一度

   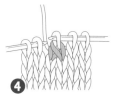

❶ 右側の目を編まずに右針に移す。
❷ 左側の目を表目で編む。
❸ 右針に移しておいた目を編んだ目にかぶせる。
❹ 右上2目一度が編めた。

左上2目一度

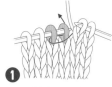   

❶ 2目の左側から一度に右針を入れる。
❷ 針を入れたところ。
❸ 2目を一緒に表目で編む。
❹ 左上2目一度が編めた。

右上3目一度

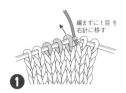 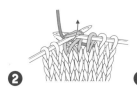  

❶ 右側の目を編まずに右針に移す。
❷ 左側の2目に針を入れて表目で編む。
❸ 右針に移しておいた目を編んだ目にかぶせる。
❹ 右上3目一度が編めた。

右上4目一度

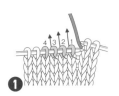 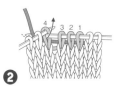 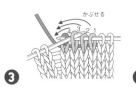 

❶ 矢印の順に針を入れて編まずに右針に移す。
❷ 4目めに針を入れて表目で編む。
❸ 右針に移しておいた3目を1目ずつ編んだ目にかぶせる。
❹ 右上4目一度が編めた。

左上4目一度

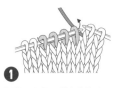   

❶ 矢印のように針を入れる。
❷ 糸をかけて4目一緒に表目で編む。
❸ 左針から目をはずす。
❹ 左上4目一度が編めた。

裏目の左上2目一度

❶ 2目の右側から一度に右針を入れる。

❷ 針を入れたところ。

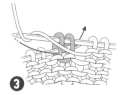
❸ 糸をかけて矢印のように引き出し、2目を一緒に裏目で編む。

❹ 裏目の左上2目一度が編めた。

ねじり目

❶ 矢印のように右針を向こう側へ入れる。

❷ 糸をかけて、矢印のように手前に糸を引き出す。

❸ 左針から目をはずす。

❹ ねじり目が編めた。下の目がねじれている。

ねじり増し目（表目のとき）

右側〈左右の区別のない増し目はこの向きでよい〉　左側

左ねじり増し目

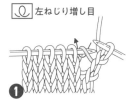
❶ 目と目の間の糸を左針にかけて右側から矢印のように針を入れ、

❷ 表目を編む。

右ねじり増し目

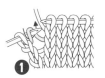
❶ 目と目の間の糸を左針にかけて左側から矢印のように針を入れ、

❷ 表目を編む。

ねじり増し目（裏目のとき）

右側〈左右の区別のない増し目はこの向きでよい〉　左側

❶ 目と目の間の糸を左針にかけて左側から矢印のように針を入れ、

❷ 裏目を編む。

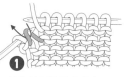
❶ 目と目の間の糸を左針にかけて右側から矢印のように針を入れ、

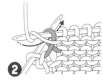
❷ 裏目を編む。

引き上げ目
(2段の場合)

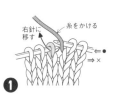
❶ ×の段は記号図のまま編む。針に糸をかけて編まずに右針に移す。

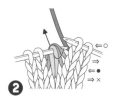
❷ つぎの段も編まずに糸をかけ、○の段で移した目とかけた目に針を入れる。

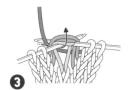
❸ 表目を編む。

❹ 引き上げ編み(2段の場合)が編めた。

裏引き上げ目
(2段の場合)

❶ ×の段は記号図のまま編む。針に糸をかけて編まずに右針に移す。

❷ 次の段も編まずに糸をかけ、○の段で移した目とかけた目に針を入れる。

❸ 裏目を編む。

❹ 裏引き上げ編み(2段の場合)が編めた。

引き出し
編み目
(5段の場合)

❶ ●の段で操作する。裏目を編み、6段下の目に右針を入れる。

❷ 糸をかけてゆったりと引き出し、次の目を編む。1目増えた状態。

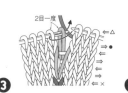
❸ △の段で引き出した目と2目一度に編んでできあがり。

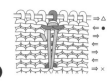
❹ 引き出し編み目が編めた(表から見たところ)。

ドライブ編み
(3回巻き)

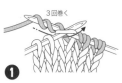
❶ 目に右針を入れ、糸を3回巻きつけて引き出す。

❷ 次の段で糸を巻きつけた目に針を入れる。

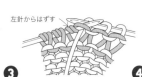
❸ 左針から目をはずしながら編む。

❹ ドライブ編み(3回巻き)が編めた。

右上1目と2目の交差

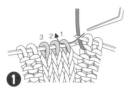 ❶ 右の1目になわ編み針を入れて移す。

 ❷ 移した1目を手前におき、2,3の目を表目で編む。

 ❸ 1の目を表目で編む。

 ❹ 右上1目と2目の交差が編めた。

左上1目と2目の交差

 ❶ 右の2目になわ編み針を入れて移す。

 ❷ 移した2目を向こう側におき、3の目に右針を入れる。

 ❸ 表目で編む。1,2の目を表目で編む。

 ❹ 左上1目と2目の交差が編めた。

右上ねじり1目交差（下側が裏目）

 ❶ 左の目に右の目の向こう側から矢印のように右針を入れ、

 ❷ 右の目の右側に目を引き出す。針に糸をかけて矢印のように糸を引き出し、裏目を編む。

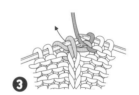 ❸ 編んだ目はそのままにして、右の目に矢印のように右針を入れ、ねじり目の表目で編む。

 ❹ 右上ねじり1目交差（下側が裏目）のできあがり。

左上ねじり1目交差（下側が裏目）

 ❶ 左の目に右の目の手前から矢印のように右針を入れ、右の目の右側に目を引き出す。

 ❷ 針に糸をかけて矢印のように糸を引き出し、ねじり目の表目を編む。

 ❸ 編んだ目はそのままにして、右の目に向こう側から矢印のように右針を入れ、裏目で編む。

 ❹ 左上ねじり1目交差（下側が裏目）のできあがり。

表目の増し目（右側）

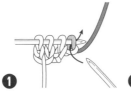 ❶ 端の目に矢印のように針を入れ、糸をかけて引き出す。

 ❷ 左針の目は針からはずさず、さらに矢印のようにねじり目を編むように針を入れる。

 ❸ 糸をかけて引き出す。

 ❹ 端の1目に2目表目を編み入れた。

表目の増し目（左側）

 ❶ 端の目に矢印のように針を入れ、糸をかけて引き出す。

 ❷ 左針の目は針からはずさず、さらに矢印のようにねじり目を編むように針を入れる。

 ❸ 糸をかけて引き出す。

 ❹ 端の1目に2目表目を編み入れた。

糸を横に渡す編み込み模様の編み方

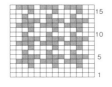

□＝地糸（MC）
■＝配色糸（CC）

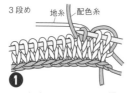 ❶ 配色糸をはさんでから編み始め、地糸で2目、配色糸で1目編む。

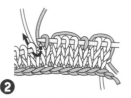 ❷ 配色糸は上、地糸は下に渡して地糸3目、配色糸1目をくり返す。

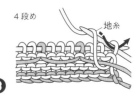 ❸ 4段めの編み始め。配色糸をはさんで1目めを編む。

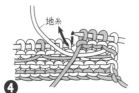 ❹ 裏目側を編むときも、配色糸は上、地糸は下に渡して編む。

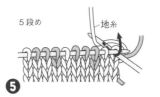 ❺ 段の編み始めは、編む糸に休める糸をはさんでから編む。

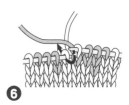 ❻ 配色糸で3目、地糸で1目を記号図通りにくり返す。

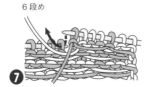 ❼ 配色糸1目、地糸3目をくり返す。この段で1模様が編める。

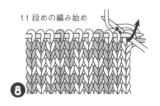 ❽ さらに4段編んで、千鳥格子の模様が2模様編めたところ。

目の止め方

伏せ止め
(ゴム編みの場合)

❶ 端の表目は表目、裏目は裏目を編み、右針の目をかぶせる。

❷ 次の表目は表目を編み、右針の目をかぶせる

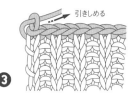
❸ 「裏目は裏目、表目は表目を編み、かぶせる」をくり返し、最後の目は糸端を通して引きしめる。

1目ゴム編み止め
(輪編みの場合)

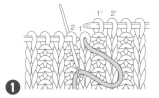
❶ 編み始めの1目の裏から針を入れ、2の目の手前から向こうへ出す。

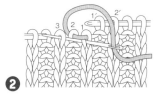
❷ もう一度1の手前から入れ、3の目の裏側から手前に出す。

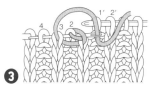
❸ 裏目同士、2は裏から4は手前から針を入れる。

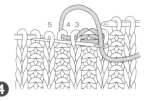
❹ 表目同士、裏目同士に針を入れていく。

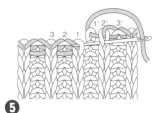
❺ 最後は終わりの2'と始めの1に針を通す。

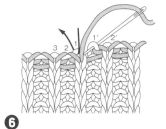
❻ 1'と2の裏目同士をつないでできあがり。

絞り止め

1目おきに糸を通し、2回に分けて絞る。

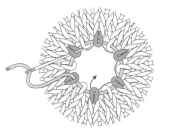

ソウン・バインドオフ
(巻き止め)

❶ 止める長さの約3倍の糸端を残し、とじ針に通す。端の2目に右側からとじ針を入れて左へ引き出す。

❷ 1目めの左側からとじ針を入れて右へ出し、編み針からはずす。これをくり返す。

Knit & Crochet Dictionary

文章パターンで編むための編み物用語辞典

洋服の寸法 Measurements & Parts …95

棒針、かぎ針の太さ対応表…96

糸の太さ対応表…96

用語集…97〜

洋服の寸法
Garment Measurements

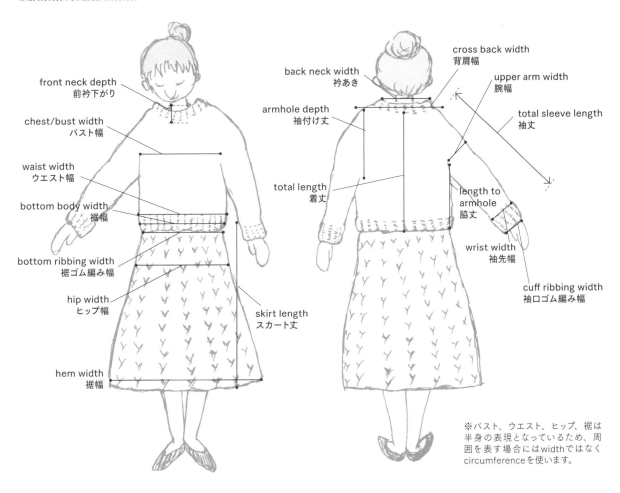

※バスト、ウエスト、ヒップ、裾は半身の表現となっているため、周囲を表す場合にはwidthではなくcircumferenceを使います。

カーディガン
Cardigan

靴下
Socks

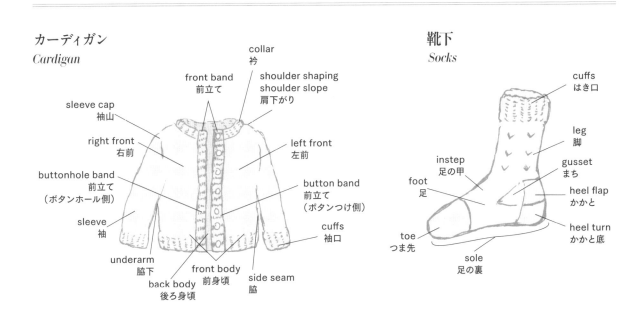

棒針の太さ対応表

ミリメートル	日本	US	UK
1.25	-	-	16
1.50	-	-	15
2.00	-	0	14
2.10	0	-	-
2.25	-	1	13
2.40	1	-	-
2.50	-	1 $\frac{1}{2}$	-
2.70	2	-	-
2.75	-	2	12
3.00	3	2 $\frac{1}{2}$	11
3.25	-	3	10
3.30	4	-	-
3.50	-	4	-
3.60	5	-	-
3.75	-	5	9
3.90	6	-	-
4.00	-	6	8
4.20	7	-	-
4.50	8	7	7
4.80	9	-	-

ミリメートル	日本	US	UK
5.00	-	8	6
5.10	10	-	-
5.40	11	-	-
5.50	-	9	5
5.70	12	-	-
6.00	13	10	4
6.30	14	-	-
6.50	-	10 $\frac{1}{2}$	3
6.60	15	-	-
7.00	7mm	-	2
7.50	-	-	1
8.00	8mm	11	0
9.00	9mm	13	00
10.00	10mm	15	000
12.00	12mm	-	-
12.75	-	17	-
15.00	15mm	19	-
19.00	-	35	-
20.00	20mm	-	-
25.00	25mm	50	-

かぎ針の太さ対応表

ミリメートル	日本	US	UK
2.00	2/0	-	14
2.25	-	B-1	13
2.50	4/0	-	-
2.75	-	C-2	12
3.00	5/0	-	11
3.25	-	D-3	10
3.50	6/0	E-4	9
3.75	-	F-5	-
4.00	7/0	G-6	8
4.50	7.5/0	7	7
5.00	8/0	H-8	6
5.50	9/0	J-9	5
6.00	10/0	J-10	4
6.50	-	K-10 $\frac{1}{2}$	3
7.00	7mm	-	2
7.50	-	-	1
8.00	8mm	L-11	0
9.00	9mm	M/N-13	00
10.00	10mm	N/P-15	000
12.00	12mm	O/16	-
15.00	15mm	P/Q	-
16.00	-	Q	-
19.00	-	S-35	-

糸の太さ対応表

表示カテゴリ名	0 Lace	1 Super Fine	2 Fine	3 Light	4 Medium	5 Bulky	6 Super Bulky	7 Jumbo
対象となる糸	Light Fingering, Cobweb, Laceweight, 1ply, 2ply	Sock, Fingering, Baby, 3ply, 4ply	Sport, Baby, Light DK, 5ply	DK, Light Worsted, 8ply	Worsted, Afgan, Aran, 10ply	Chunky, Craft, Rug, 12ply	Bulky, Roving, Super Chunky	Jumbo, Roving
日本の名称	極細	合細、中細	中細、合太	合太、並太	並太、極太	極太、超極太	超極太	超極太
棒針※	1.5-2.25mm	2.25-3.25mm	3.25-3.75mm	3.75-4.5mm	4.5-5.5mm	5.5-8mm	8-12.75mm	12.75mm 以上
かぎ針	レース針	2.25-3.25mm	3.5-4.5mm	4.5-5.5mm	5.5-6.5mm	6.5-9mm	9-15mm	15mm 以上

※棒針の太さは標準的なゲージを想定しています。編み地や作品によっては針の太さが該当しない場合もあります。

英文パターンを編むための用語集

技法やよく見る表現をまとめました。編み物のお供にお役立てください。

	棒／かぎ	略語	略す前の単語／手順	日本語	編み目記号
a		alt	alternate	交互に、一つおきに	
			above	〜の上、〜の上にある	
	かぎ		adjustable loop	わの作り目（= adjustable ring）	
			applied i-cord bind off	後から編みつけるアイコード	
		approx	approximately	約、おおよそ	
			armhole depth	腕つけ回り、袖つけ丈	
		as est	as established	今まで編んできた編み地の通りに	
			asymmetric	左右非対称	
b			back and forth	往復する　例：work back and forth = 往復編み	
			back body	後ろ身頃	
	かぎ	blo	back loop only	前段の目の向こう側半目に針先を入れて編む	
			back neck	後ろ衿ぐり	
			back neck depth	背丈	
			back of hand	手の甲	
	かぎ	bpdc	back post double crochet	長編みの裏引き上げ編み目（米） 細編みの裏引き上げ編み目（英）	ʄ（米）ƚ（英）
	かぎ	bpsc	back post single crochet	細編みの裏引き上げ編み目	ƚ（米）
	かぎ	bptr	back post treble crochet	長々編みの裏引き上げ編み目 （米）／長編みの裏引き上げ編み目（英）	ʄ（米）ʄ（英）
			backing button	力ボタン	
			back side	後ろ側	
			backstitch	半返し縫い	
	棒		backward loop cast on	巻き目、巻き増し目	ω
			before	〜の前、〜の手前	
		beg	begin	はじめる	
		BOR	beginning of round ／ BOR	（輪編みの場合の）段の始まり	
			behind	後ろ、後ろにある	
			below	〜の下、〜の下にある	
		bet	between	間、〜の間	
	棒	BO	bind off	伏せる、伏せ止め	●
			border	縁編み	
			bottom-up	下から上（編み方向）	
			break yarn	糸を切る	
			button band	前立て（ボタンつけ側）	
			buttonhole band	前立て（ボタンホール側）	
			buttons	ボタン	

	棒/かぎ	略語	略す前の単語/手順	日本語	編み目記号
c	棒		cable cast on	編みながら作る作り目（※）	
	棒	cn	cable needle	なわ編み針	
			cable pattern	交差模様	
		CO	cast on	作り目	
			center back	後ろ中心	
	かぎ	ch	chain	鎖編み	○
			chest／bust	胸囲	
	棒	circ (s)	circular needles (s)／circular (s)	輪針	
			circumference	周囲	
			clockwise	時計回りに	
			collar	衿	
		cont	continue	続き、続ける	
		CC	contrasting color	配色	
			counter clockwise	反時計回りに	
	棒		crochet chain cast on	鎖編みの作り目（別鎖、共鎖）（詳細は28ページ参照）	
			cuff (s)	（靴下の）はき口、袖口	
d		dec	decrease	減目	
			depth	深さ	
			desired	希望の〜、お好みの〜（長さなど）	
			divide	分ける 例：divide for body and sleeves ＝ 身頃と袖の目を分ける	
	かぎ	dc	double crochet	長編み（米）、細編み（英）	干（米）十（英）
	かぎ	dc2tog	double crochet 2 stitches together	長編みの2目一度（米）／細編みの2目一度（英）	木（米）木（英）
	かぎ	dc3tog	double crochet 3 stitches together	長編みの3目一度（米）／細編みの3目一度（英）	木（米）木（英）
	棒	dpn (s)	double pointed needle (s)	両先がとがった針（4本針や5本針）	
	棒	DS	double stitch	German Short Rowの引き返し編みをする際にできる編み目のこと	
	かぎ	dtr	double treble crochet	三つ巻き長編み（米）／長々編み（英）	丰（米）干（英）
			doubled	（糸を）2本どりにして、（編み地などを）2重にして	
	かぎ		draw through	引き抜く（動作）	
			drawstring	絞る紐	
e			edging	縁編み	
			elastic	伸縮性のある	
			elastic belt	ゴムベルト	
			elongate	長く引き伸ばす	
	棒		elongated stitch	「ドライブ編みのように余分に糸を巻きつけて作る」長い編み目	
		EOR	end of round／EOR	（輪編みの場合の）段の終わり	
			even	増減なしに、まっすぐに、均一に 例：Work XX rows even＝XX段真っすぐに編む	
			even (number)	偶数　（例：even numbered rows＝偶数段）	

※27ページのKnitted Cast Onの06で目を引き出す位置を目と目の間に変える。他は同じ。

	棒/かぎ	略語	略す前の単語/手順	日本語	編み目記号
e			evenly	均等に	
			every	毎　（例：every row = 毎段／every 4 rows = 4段ごと）	
			every other	1つおき、交互に　例：every other row = 1段ごとに	
f			facing	見返し、〜に面して　例：with RS facing = 表面から	
			fasten	（糸を）とめる	
			finished measurement	仕上がり寸法	
		foll	follows, following	次のように、以下の通りに	
			forming	形を作る、形成する	
	かぎ	fdc	foundation double crochet	土台の長編み、作り目をしながら長編みを編む方法	
	かぎ	fsc	foundation single crochet	土台の細編み、作り目をしながら細編みを編む方法	
			front band	前立て	
			front body	前身頃	
			front edge	前端	
	かぎ	flo	front loop only	前段の目の手前半目に針先を入れて編む	
	かぎ	fpdc	front post double crochet	長編みの表引き上げ編み目（米） 細編みの表引き上げ編み目（英）	ʃ（米）ʃ（英）
	かぎ	fpsc	front post single crochet	細編みの表引き上げ編み目	ʃ（米）
	かぎ	fptr	front post treble crochet	長々編みの表引き上げ編み目（米） 長編みの表引き上げ編み目（英）	ʃ（米）ʃ（英）
			front side	前側	
g	棒	g-st	garter stitch	ガーター編み	
			gauge	ゲージ（=tension）	
			graft	（目と目を）編み地に合わせてはぎ合わせる	
			gusset	まち	
h	かぎ	hdc	half double crochet	中長編み（米）	T
	かぎ	htr	half treble crochet	中長編み（英）	T
			head circumference	頭回り	
			heel flap	かかと	
			heel turn	ヒールターン、かかと底	
			hem	裾	
			hip circumference	腰囲	
			hold stitches	目を休ませる	
			hook	ホック	
i			i-cord	アイコード、丸コード	
			in pattern	模様編みで	
			inch	インチ　（1インチ＝2.54cm）	
		inc	increase	増し目	
			insert	（針先を）入れる	
			inside out	中表　（= with WS facing）	
			instep	足の甲	
	棒		Italian cast on	1目ゴム編みの作り目（＝tubular cast on）	

	棒/かぎ	略語	略す前の単語／手順	日本語	編み目記号
j			join	つなぐ（段の始めと最後、糸継ぎの場合など）	
k	棒		kitchener stitch	メリヤスはぎ	
	棒	k	knit	表目、表目を編む	l
	棒	k1 tbl	knit 1 stitch through the back loop	表目のねじり目を編む	ℚ
	棒	k2tog	knit 2 stitches together	2目を一度に表目で編む	人
	棒	k2tog tbl	knit 2 stitches together through the back loop	表目のねじり目を編むように2目を一度に編む	ℚ
	棒	k3tog	knit 3 stitches together	3目を一度に表目で編む	人
	棒	kfb, k1fb, k1f&b,kf&b	knit into front and back of the same stitch	1目を2目に増やす増し目の手法。表目を1目編み、左から目を外さず、同じ目にねじり目を編む	ℚl
	棒		knitted cast on	編みながら作る作り目（詳細は27ページを参照）	
	棒	kwise	knitwise	（針の入れ方の場合）表目を編むように、（伏せ目の場合）表目を編んで	
l			last	最後の、直近の	
			left front	左前	
		LH	left hand	左手、左側	
	棒	LLI	left lifted increase	左増し目	˧
			leg	脚	
			length	長さ、丈	
			length from/to armhole	脇丈	
			length along side seam	脇丈	
			length from underarm	脇丈	
			length from waist to hip	ヒップ下がり	
			lining	裏地、内布	
			live stitches	目の状態（とめていない目）	
	棒		long tail cast on	指でかける作り目	
	かぎ	lp (s)	loop (s)	ループ（かぎ針にかかっている目、引き出してきた目、半目など）	
m		MC	main color	地色	
	棒	M1L	make 1 left slanting increase	左ねじり増し目（89ページ参照）	ℚ
	棒	M1R	make 1 right slanting increase	右ねじり増し目（89ページ参照）	ℚ
	棒	M1, m1	make 1 stitch	1目増やす（一般的にはねじり増し目）	ℚ
		m	marker	マーカー	
			mattress stitch	すくいとじ	
			modified	変わり〜、〜の変形	
	棒		moss stich	2目のかのこ編み	
			multiple	倍数　（例：multiple of XX ＝ XXの倍数）	
n			neck	衿ぐり	
			neck width	首回り、後ろネック幅	
			notions	用具	
o			odd (number)	奇数　（例：odd numbered rows＝奇数段）	
			opposite	反対側の、逆の	

	棒/かぎ	略語	略す前の単語／手順	日本語	編み目記号
p			palm	手のひら	
	棒	psso	pass slipped stitch over	（右針に）移しておいた目をかぶせる	
			past	〜の後、〜を過ぎて	
		patt	pattern	パターン、模様（例：in patt = 模様編みで、模様の通りに）	
			pattern stitch	模様編み	
		PU (and k)	pick up (and knit)	（目を）拾う	
		pm	place marker	マーカーを入れる	
		prev	previous	前の　（例：prev row = 前段）	
	棒		provisional cast on	あとからほどける作り目	
	棒		provisional chain cast on	別鎖の作り目	
	かぎ		puff	玉編み	
	棒	p	purl	裏目、裏目を編む	−
	棒	p1 tbl	purl 1 stitch through back loop	裏目のねじり目を編む	ℚ
	棒	p2tog	purl 2 stitches together	2目を一度に裏目で編む	⋏
	棒	pfb	purl into front and back of same stitch	1目を2目に増やす手法。裏目を1目編み、左針から目を外さず、同じ目に裏目のねじり目を編む	ℚ−
	棒	pwise	purlwise	（針の入れ方の場合）裏目を編むように、（伏せ目の場合）裏目を編んで	
r			re-gauging	ゲージ調整	
		rem	remain(s), remaining	残る、残り	
			removable stitch marker(s)	取り外し可能なマーカー（段数マーカー）	
			remove	外す	
		rep	repeat(s), repeating	くり返す、くり返し	
	かぎ	rev sc	reverse single crochet	バック細編み（米）	⊤
			right front	右前	
		RH	right hand	右手、右側	
	棒	RLI	right lifted increase	右増し目	ト
		RS	right side	（編み地の）表面	
		rnd	round	輪編みの際の段	
			row	段	
s			scrap yarn	別糸（＝waste yarn）	
	棒		seed stitch	かのこ編み　※1目1段のかのこ	
			selvedge	端目	
			separately	別々に	
			short row	引き返し編み	
			shoulder width	背肩幅	
			shoulder shaping (slope)	肩下がり	
			side seam	脇	
	かぎ	sc	single crochet	細編み（米）	＋
	かぎ	sc2tog	single crochet 2 stitches together	細編みの2目一度（米）	⋏

	棒/かぎ	略語	略す前の単語/手順	日本語	編み目記号
s	かぎ	sc3tog	single crochet 3 stitches together	細編みの3目一度(米)	⚂
			skein	毛糸の単位(玉やカセ)	
	かぎ	sk	skip	(目を)飛ばす	
			sleeve	袖	
			sleeve cap	袖山	
			sleeve length	袖丈(脇から)	
			sleeve length from center back neck	ゆき丈	
	棒		slide	すべらす(編み針上の編み目を移動させることを指す)	
	棒	sl	slip	(目を)すべらす、編まずに移す	
	棒	sl1k	slip 1 stitch knitwise	目に右針を表目を編むように入れて移す	
	棒	sk2po	slip 1 stitch knitwise, knit the next 2 stitches together, pass slipped stitch over the knit stitch	1目表目を編むように針を入れて右針に移し、次の2目を一度に編み、右針に移した目を編んだ目にかぶせる(右上3目一度)	入
	棒	sl1p	slip 1 stitch purlwise	目に右針を裏目を編むように入れて移す(すべり目)	V
	棒	s2kpo	slip 2 stiches knitwise to RH needle together, knit next stitch and pass slipped stitches over the knit stitch	2目を同時に表目を編むように針を入れて右針に移し、次の目を表目に編み、右針に移した2目を編んだ目にかぶせる(中上3目一度)	人
	棒	slm / sm	slip marker	マーカーを(左針から右針に)移す	
	かぎ		slip stitch seam	引き抜きとじ	
	かぎ	sl st	slip stitch	引き抜き目、引き抜き	
	かぎ		slip stitch bind off	引き抜き止め	
	棒	ssk	slip, slip, knit (slip 2 stitches knitwise one at a time, knit the 2 slipped stitches through the back loop)	2目を1目ずつ表目を編むように針を入れて右針に移して向きを変えた状態でねじり目を編むように2目を一度に編む(右上2目一度)	入
	棒	ssp	slip, slip, purl (slip 2 stitches knitwise one at a time, purl the 2 slipped stitches through the back loop)	2目を1目ずつ表目を編むように針を入れて右針に移して向きを変えた状態で裏目のねじり目を編むように2目を一度に編む(裏目の右上2目一度)	么
	棒	sssk	slip, slip, slip, knit (slip 3 stitches knitwise one at a time, knit the 3 slipped stitches through the back loop)	3目を1目ずつ表目を編むように針を入れて右針に移して向きを変えた状態でねじり目を編むように3目を一度に編む(右上3目一度)	入
			snaps	スナップホック	
			sole	足の裏	
	かぎ	sp	space	スペース 例：insert hook into ch-3 sp = 鎖3目の空間に針先を束に入れる	
			steam block	スチームをかけて、編み地を整える	
			stitch holder	ほつれ止め	
			stitch marker (s)	マーカー(目数リング)	
		st (s)	stitch (es)	編み目	
	棒		stitches on hold	休み目	

	棒/かぎ	略語	略す前の単語／手順	日本語	編み目記号
s	棒	st st	stocking stitch／stockinette stitch	メリヤス編み	
	棒		straight needles	棒針	
			switch	持ち替える、切り替える	
			symmetrical	左右対称	
t			tail	糸端	
			tapestry needle	とじ針	
			tension	ゲージ（＝gauge）	
	棒	tbl	through the back loop	ループの向こう側に針先を入れて（＝目をねじって編む）（ねじり目）	Ω
			throughout	全体を通して	
			thumb	親指	
			toe	つま先	
		tog	together	一緒に	
			top-down	上から下（編み方向）	
	かぎ	tr	treble crochet	長々編み（米）、長編み（英）	⟟(米) ⟟(英)
	かぎ	tr tr	triple treble crochet	三つ巻き長編み（英）	⟟
			turn	編み地を返す	
	棒		tubular cast on	1目ゴム編みの作り目（＝Italian Cast on）	
	かぎ		turning chain	立ち上がりの鎖目	
u			underarm	脇下	
			unravel	ほどく	
			upper arm width	腕回り	
w			waist circumference	胴囲	
			waste yarn	別糸 （＝scrap yarn）	
			weave in ends	糸始末をする	
			wet block	水通しをして仕上げる	
			whip stitch	巻きかがり	
			width	幅	
		wyib	with yarn in back	糸を向こう側において	
		wyif	with yarn in front	糸を手前において	
			wrap	巻く	
	棒	W&T	wrap & turn	「ラップ・アンド・ターン」式の引き返し編み（詳細は34ページ参照）	
	棒		wrapped stitch	（w＆tの引き返し編みの場合の）ラップのついた目	
			wrist width	手首回り	
		WS	wrong side	（編み地の）裏面	
y			yard	ヤード （1ヤード＝0.914m）	
			yarn needle	とじ針	
	棒	yo	yarn over	かけ目	○
	かぎ	yo／yoh	yarn over／yarn over hook	針先に糸をかける	
z			zipper	ファスナー	

Profile

西村知子　にしむらともこ

ニットデザイナー、翻訳家。幼少期に編み物と英語に出合う。その後、編み物の知識と英語を生かした通訳・翻訳・執筆など、編み物関連の仕事をライフワークに。英文パターンを用いたワークショップ、デザインの提供、ニット関連書籍の翻訳など幅広く活躍中。(公財) 日本手芸普及協会手編み師範、ヴォーグ学園「英語で編もう」講師

インスタグラム：tette.knits

Staff

撮影　三好宣弘
　　　本間伸彦（プロセス）
スタイリング　串尾広枝
ヘアメイク　高野智子
ブックデザイン　橘川幹子
モデル　天野はな
イラスト　Mico

製作協力　八木裕子
　　　　　遠山美沙子
　　　　　ande Nobu
トレース　高橋玲子
編集協力　鈴木裕子
　　　　　大前かおり
　　　　　鈴木博子
　　　　　村本かおり
作り方　曽我圭子
編集　難波まり

素材提供

・寺井株式会社（Opal）
Tel.075-462-4466
http://kyoto-terai.com

・ハマナカ株式会社
Tel.075-463-5151（代）
コーポレートサイト hamanaka.co.jp

・Keito オンラインショップ
https://online.keito-shop.com/

・横田株式会社（DARUMA）
Tel.06-6251-2183
http://www.daruma-ito.co.jp

・イサガージャパン株式会社（ISAGER）
Tel.0466-47-9535
http://www.isagerstrik.dk

・RETROSARIA ROSA POMAR
https://retrosaria.rosapomar.com/pt

撮影協力

・ANTIPAST／クープ・ドゥ・シャンピニオン
Tel.03-6415-5067
(P6カシミアプルオーバー、ニットレギンス／P8、9ブラウス、パンツ／P13ブランケットコート、パンツ／ P14、15ワンピース）

・SARAHWEAR
Tel.03-5731-2741
（P22ワンピース）

・AWABEES
・UTUWA

あなたに感謝しております。
We are grateful.

手づくりの大好きなあなたが、
この本をお選びくださいましてありがとうございます。
内容はいかがでしたでしょうか？
本書が少しでもお役に立てば、こんなにうれしいことはありません。
日本ヴォーグ社では、手づくりを愛する方とのおつき合いを大切にし、
ご要望におこたえする商品、サービスの実現を常に目標としています。
小社及び出版物について、
何かお気付きの点やご意見がございましたら、何なりとお申し出ください。
そういうあなたに、私共は常に感謝しております。

株式会社日本ヴォーグ社社長　瀬戸信昭
FAX 03-3383-0602

Let's Knit in English!
文章パターンで編むソックス

発行日　2024年11月26日　第1刷
　　　　2024年12月25日　第2刷
著　者　西村知子
発行人　瀬戸信昭
編集人　舟生健一
発行所　株式会社 日本ヴォーグ社
　　　　〒164-8705
　　　　東京都中野区弥生町5-6-11
TEL 03-3383-0637（編集）
出版受注センター　TEL 03-3383-0650　FAX 03-3383-0680
印刷所　株式会社東京印書館
Printed in Japan ©Tomoko Nishimura 2024
ISBN978-4-529-06429-3

JCOPY <（社）出版者著作権管理機構 委託出版物>
本書(誌)の無断複製は、著作権法上での例外を除き禁じられています。
複製される場合は、そのつど事前に、（社）出版者著作権管理機構（電話 03-5244-5088、FAX 03-5244-5089、e-mail:info@jcopy.or.jp）の許諾を得てください。

●印刷物のため、実際の色とは色調が異なる場合があります。
●万一、落丁本、乱丁本がありましたら、お取り替えいたします。
小社出版受注センターまでご連絡ください。

手づくりに関する情報を発信中
日本ヴォーグ社 公式サイト

ショッピングを楽しむ
手づくりタウン

ハンドメイドのオンラインレッスン
 CRAFTING
初回送料無料のお得なクーポンが使えます！詳しくはWebへ

 ヴォーグ学園
手づくり専門カルチャースクール

日本ヴォーグ社の通信講座
 手芸の学校